STRICKEN fürs Baby

SOCKEN, MÜTZEN,
FÄUSTLINGE & MEHR

CV

Vorwort

OMA, ICH BRAUCHE EINE NEUE MÜTZE, ABER ROSA ...

So stand meine kleine Enkelin diesen Herbst vor meinem Wollregal.

Wenn die Tage kürzer und die wärmenden Sonnenstrahlen weniger werden, kommt die Zeit, in der Mützen, Handschuhe und warme Söckchen oder Schühchen gefragt sind. Was liegt da näher, als wieder oder zum ersten Mal zu den Stricknadeln zu greifen und aus einem Knäuel guter Wolle etwas Wärmendes herzustellen. Denn auch im Kinderwagen oder im Buggy unter Anorak und Schneeanzug passt immer noch ein Mützchen, warme Söckchen und Fäustlinge.

Für alle Modelle habe ich weiche Merinowolle – auch mit Beimischung von Seide oder Kaschmir – und klassische Sockenwolle gewählt. Alle Garne haben eine glatte Struktur und fusseln nicht. Wollgarne sind heute pflegeleicht in der Waschmaschine (Wollprogramm) zu reinigen. Angaben dazu finden Sie auf der Banderole. Auf Verzierungen wie Knöpfe, Perlen oder andere Aufnäher an den Mützen habe ich verzichtet, um Druckstellen zu vermeiden.

Alle Größen sind Circa-Angaben, denn Kinder entwickeln sich ganz unterschiedlich – das kann ich gerade bei meinen Enkelinnen feststellen. Lieber vorher abmessen. Achten Sie auch darauf, dass Sie Söckchen nicht zu eng stricken. In der kalten Jahreszeit haben die Kleinen meistens Strumpfhosen und Leggings an, das wirkt sich auf den Umfang der Beinchen aus. Also lieber mal 4 Maschen mehr anschlagen. Auch in den Anleitungen finden Sie Angaben, die von den Tabellen abweichen; in diesen Fällen ist das bewusst so gewählt – zum „Drüberziehen".

Nun wünsche ich viel Spaß beim Nacharbeiten!

Sabine Abel

Inhalt

Schwierigkeitsgrade der Modelle

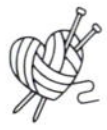 = einfach

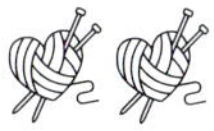 = mittel

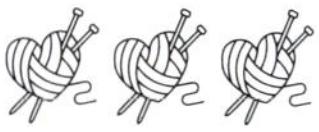 = schwierig

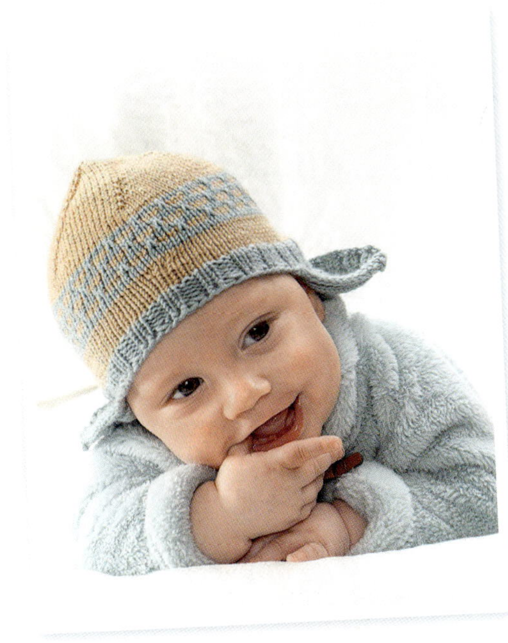

Süßer Käfer

Stirnband mit Zopfmuster: Kopfumfang 44–47 cm, 8 cm breit (leicht gedehnt)
Handstulpen mit Eulen: 18 Monate

MATERIAL

- Schachenmayr „Merino Extrafine 170" (100 % Schurwolle, Lauflänge 170 m/50 g): **für das Stirnband** 50 g Kirsche und ein Rest Weiß, **für die Handstulpen** 50 g Kirsche und ein Rest Weiß; **für beide Teile zusammen** reichen je 50 g Kirsche und Weiß
- Rundstricknadel Nr. 3,25
- Nadelspiel Nr. 3
- Zopf- oder Hilfsnadel
- 4 kleine Perlen in Schwarz oder Restgarn in Schwarz

Zopfmuster über 28 Maschen (Stirnband): Nach **Strickschrift A** (siehe Seite 7) arbeiten. Es sind nur die Hinreihen gezeichnet, in den Rückreihen die Maschen stricken, wie sie erscheinen. Die 1.–6. Reihe stets wiederholen.

Randmaschen (Kordelrand): Die 1. und 2. Masche jeder Reihe rechts stricken, die letzten beiden Maschen jeder Reihe wie zum Linksstricken abheben (Faden vor der Arbeit).

Picotrand: Den Faden in Weiß anschlingen und wie folgt häkeln: * 1 feste Masche in die Anschlagkante, 3 Luftmaschen, 1 feste Masche in die 1. Luftmasche, 2 Maschen der Anschlagkante übergehen, ab * stets wiederholen, bis der gesamte Rand umhäkelt ist.

Zopfmuster (Handstulpen): **1.–3. Runde:** 2 Maschen rechts, 2 Maschen links im Wechsel stricken. **4. Runde:** 2 Maschen rechts, 2 Maschen links im Wechsel stricken, dabei jedoch bei den rechten Maschen die 2. Masche vor der 1. Masche stricken.

Zopf-Eule über 14 Maschen (Handstulpen): Nach **Strickschrift B** (siehe Seite 7) stricken. Es ist jede Runde gezeichnet. Die 1.–18. Runde 1x arbeiten.

Glatt rechts: In Runden stets rechte Maschen stricken.

Glatt links: In Runden stets linke Maschen stricken.

MASCHENPROBE

Glatt rechts mit Nadel Nr. 3,25: 26 Maschen und 32 Reihen = 10 x 10 cm

Glatt rechts mit Nadeln Nr. 3: 28 Maschen und 36 Reihen = 10 x 10 cm

SO GEHT'S

STIRNBAND

28 Maschen mit der Rundstricknadel Nr. 3,25 in Kirsche anschlagen. Das Zopfmuster über alle 28 Maschen nach Strickschrift A ca. 44 cm hochstricken, dabei die 1.–6. Runde stets wiederholen. Alle Maschen abketten. Anschlag- und Abkettkante zusammennähen.
Das Stirnband an beiden Kanten mit einem Picotrand in Weiß umhäkeln.

Hinweis: Beim Stricken des Stirnbands darauf achten, dass die Arbeit in Strickrichtung sehr dehnbar ist. Am Kind ausmessen und evtl. 1–2 cm weniger stricken.

HANDSTULPEN

Rechte Stulpe: 36 Maschen in Kirsche mit Nadeln Nr. 3 anschlagen, gleichmäßig auf 4 Nadeln verteilen (= 9 Maschen pro Nadel) und zur Runde schließen. Die Maschen der Handfläche sind auf der 1. und 2. Nadel, die Maschen des Handrückens auf der 3. und 4. Nadel. Für das Bündchen 6 cm im Zopfmuster stricken. Dann die Maschen wie folgt einteilen und stricken: 20 Maschen glatt rechts, 14 Maschen Zopf-Eule (Strickschrift B), 2 Maschen glatt rechts = 36 Maschen. In der 4. Runde

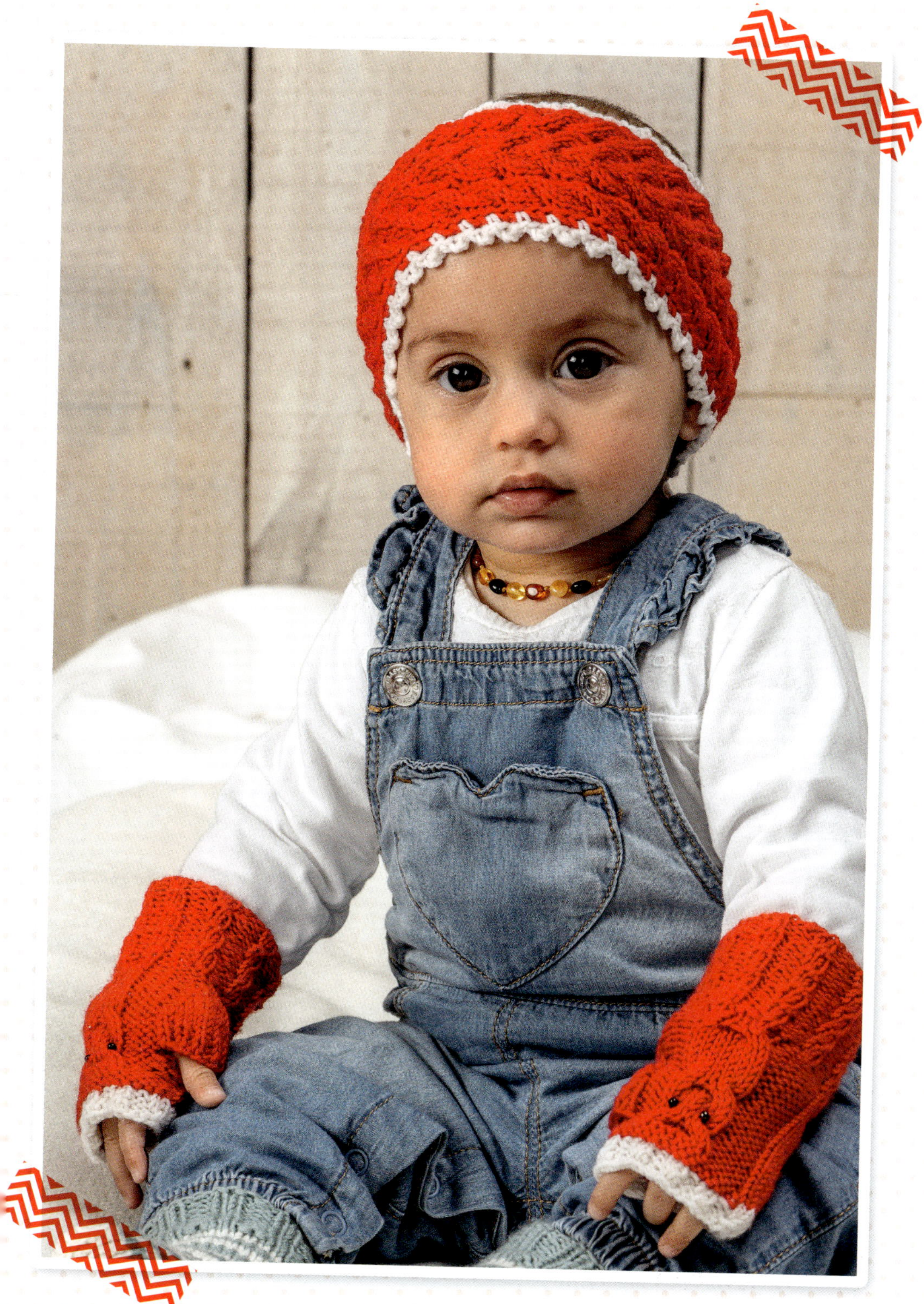

ab Bündchen für den Daumenkeil auf der 1. Nadel 1 Masche rechts stricken, dann 1 Masche rechts verschränkt aus dem Querfaden herausstricken (diese Masche markieren = Mittelmasche Daumenkeil) und die Runde beenden. Weiter in jeder 2. Runde 4x vor und nach der Mittelmasche jeweils 1 Masche rechts verschränkt aus dem Querfaden herausstricken (= 9 Maschen Daumenkeil). Nach der letzten Zunahme noch 1 Runde im Muster stricken, dann weitere 2 Runden stricken, hierbei über die Daumenkeilmaschen 1 Masche links, 1 Masche rechts stricken. In der nächsten Runde die Daumenkeilmaschen abketten und die Runde beenden.

Für den Daumensteg in der folgenden Runde über dem Daumenkeil 3 Maschen dazu anschlagen, die Runde beenden = 39 Maschen. 1 weitere Runde stricken. Weiter im Muster stricken, dabei in der folgenden Runde die ersten 2 Stegmaschen mit der Masche davor wie folgt zusammenstricken: 1 Masche wie zum Linksstricken abheben, die beiden Stegmaschen links zusammenstricken, dann die abgehobene Masche überziehen = 37 Maschen. In der nächsten Runde an der gleichen Stelle 2 Maschen links zusammenstricken = 36 Maschen.

Nach Abschluss der Eule (1.–18. Runde nach Strickschrift B) noch 2 Runden stricken: auf der Handfläche (1. und 2. Nadel) glatt rechts, auf dem Handrücken (3. und 4. Nadel) glatt links.

Anschließend zu Weiß wechseln und noch im Zopfmuster stricken, die 1.–4. Runde 1x arbeiten. Dann alle Maschen abketten.

Für die Augen zwei kleine schwarze Perlen aufnähen oder die Augen mit schwarzem Garn aufsticken.

Linke Stulpe: Gegengleich zur rechten Stulpe arbeiten (Handfläche: 3. und 4. Nadel, Handrücken: 1. und 2. Nadel). Die Zunahmen für den Daumenkeil auf der 4. Nadel arbeiten: Die 1. Zunahme erfolgt zwischen der vorletzten und letzten Masche der Nadel (= Mittelmasche Daumenkeil).

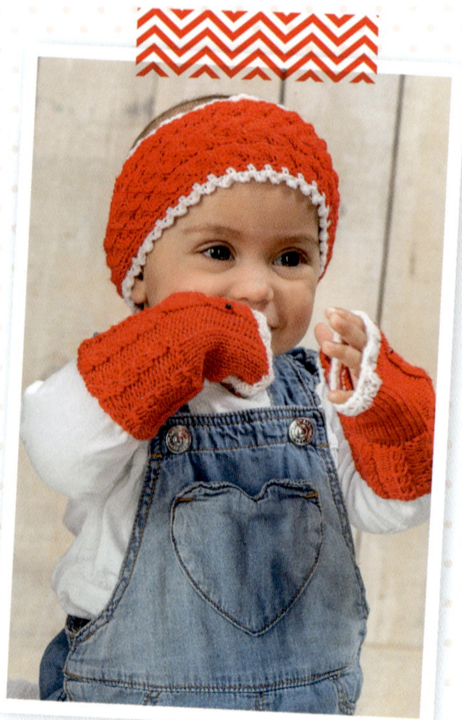

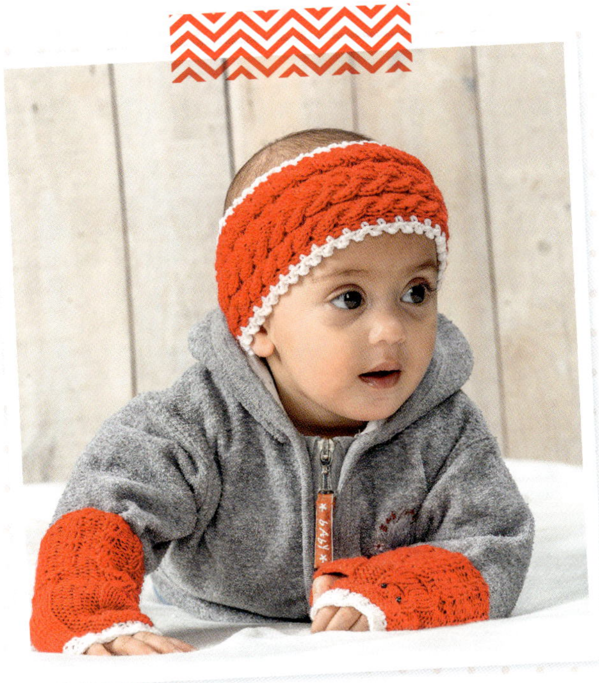

STRICKSCHRIFT A

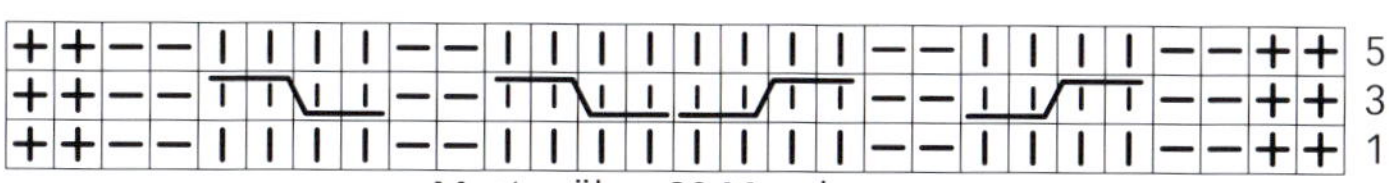

Muster über 28 Maschen

STRICKSCHRIFT B

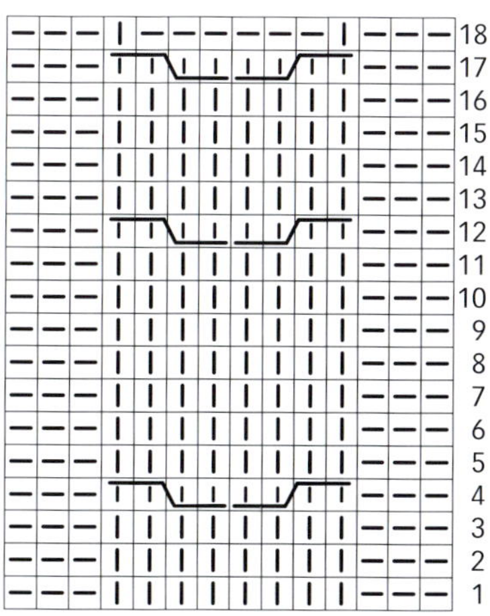

Muster über 14 Maschen

Zeichenerklärung

+ = Randmasche

– = 1 Masche links

| = 1 Masche rechts

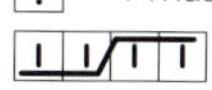 = 4 Maschen nach rechts verkreuzen: 2 Maschen auf eine Hilfsnadel hinter die Arbeit legen, 2 Maschen rechts stricken, dann die Maschen der Hilfsnadel rechts stricken

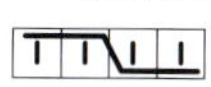 = 4 Maschen nach links verkreuzen: 2 Maschen auf eine Hilfsnadel vor die Arbeit legen, 2 Maschen rechts stricken, dann die Maschen der Hilfsnadel rechts stricken

Klitzeklein & kuschelig

Söckchen mit Hebemaschen: 3–6 Monate, ca. 10 cm Fußlänge

MATERIAL

- Lang Yarns „Jawoll" (75 % Schurwolle, 25 % Polyamid, Lauflänge 210 m/50 g): je 50 g Blau und Weiß
- Nadelspiel Nr. 2,5, 10 cm oder 15 cm lang

2/2-Rippenmuster: 2 Maschen rechts, 2 Maschen links im Wechsel stricken.

Hebemaschenmuster: Nach der Strickschrift stricken. Es ist jede Runde gezeichnet. Den Mustersatz (MS) von 4 Maschen stets wiederholen. Die 1.–8. Runde 2x stricken, dann die 1.–4. Runde noch 1x arbeiten (= 20 Runden). Farbfolge an der Strickschrift beachten: Farbe 1 = Blau, Farbe 2 = Weiß.

Glatt rechts: In Hinreihen rechte Maschen, in Rückreihen linke Maschen stricken; in Runden stets rechte Maschen stricken.

MASCHENPROBE

Glatt rechts mit Nadeln Nr. 2,5: 30 Maschen und 42 Reihen/Runden = 10 x 10 cm

SO GEHT'S

32 Maschen in Weiß anschlagen, gleichmäßig auf 4 Nadeln verteilen (= 8 Maschen pro Nadel) und zur Runde schließen. Für das Bündchen 6 cm im 2/2-Rippenmuster stricken. Dann im Hebemaschenmuster nach der Strickschrift stricken. Die 1.–8. Runde 2x stricken, dann die 1.–4. Runde noch 1x arbeiten (= 20 Runden). Noch 4 Runden glatt rechts Runden in Blau stricken, anschließend mit der Ferse beginnen. Die Ferse wird als einfache Käppchenferse über die Hälfte der Maschen gearbeitet (siehe Grundanleitung auf Seite 56).

Nach 7 cm Fußlänge mit den Abnahmen für die Bandspitze beginnen. Die Bandspitze in Weiß nach der Grundanleitung arbeiten (siehe Seite 57). Die restlichen Maschen mit dem Arbeitsfaden fest zusammenziehen.

Das zweite Söckchen ebenso arbeiten.

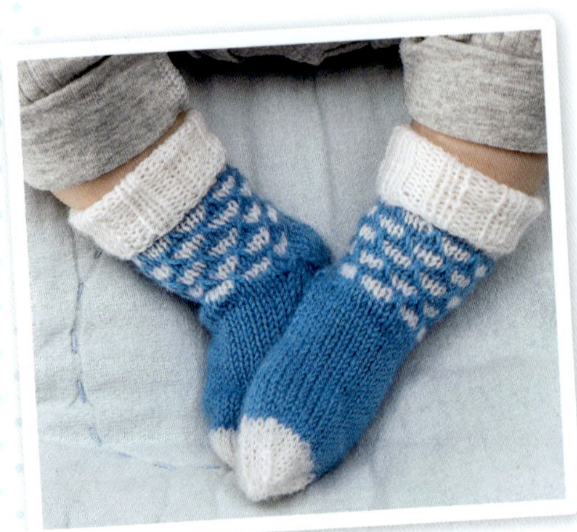

STRICKSCHRIFT

				Runde	
I	I	\	I	8	Farbe 2
I	I	\	I	7	
I	I	I	I	6	Farbe 1
I	I	I	I	5	
\	I	I	I	4	Farbe 2
\	I	I	I	3	
I	I	I	I	2	Farbe 1
I	I	I	I	1	
MS					

Zeichenerklärung

[I] = 1 Masche rechts

[\] = 1 Masche wie zum Linksstricken abheben, der Faden liegt dabei hinter der Arbeit

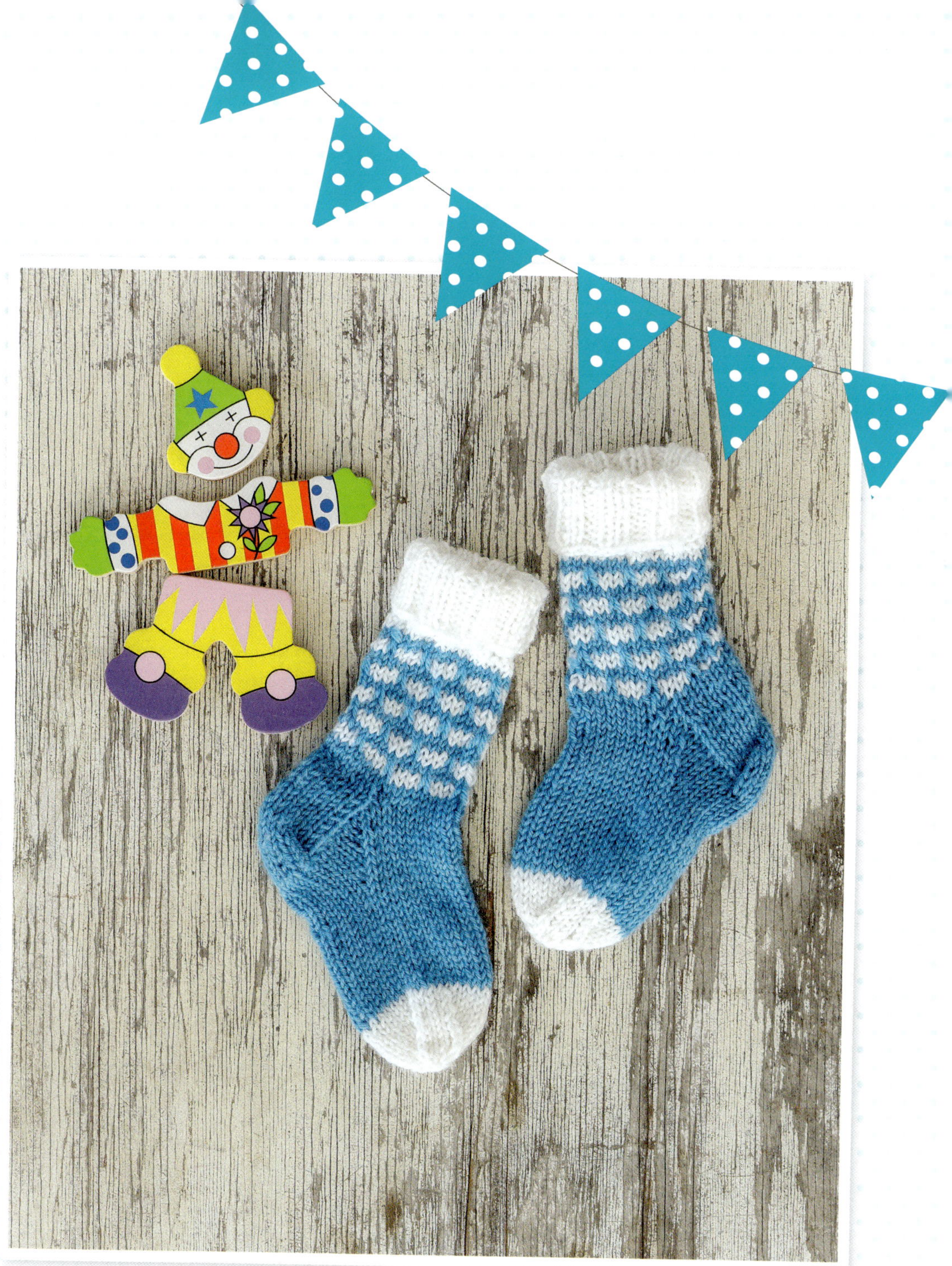

Zuckerpüppchen

Schal mit Schlaufe: 6–12 Monate, 9 cm breit, 52 cm lang
Mütze mit Rollrand: 44–46 cm Kopfumfang

MATERIAL

- Lang Yarns „Cashmerino" (55 % Wolle, 33 % Polyacryl, 12 % Kaschmir, Lauflänge 125 m/50 g): **für den Schal** 50 g Lachs und ein Rest Beige, **für die Mütze** 50 g Lachs und ein Rest Beige; **für beide Teile zusammen** reichen 100 g Lachs und 50 g Beige
- Rundstricknadel Nr. 3,25, 60 cm lang
- Nadelspiel Nr. 3,25 oder 3,5 (oder eine kurze Rundstricknadel gleicher Stärke)
- Pomponmaker

Randmaschen (Kordelrand): Die 1. und 2. Masche jeder Reihe rechts stricken, die letzten beiden Maschen jeder Reihe wie zum Linksstricken abheben (Faden vor der Arbeit).

Kraus rechts: In Hin- und Rückreihen stets rechte Maschen stricken.

2/2-Rippenmuster: **Hinreihe:** 2 Maschen rechts, 2 Maschen links im Wechsel stricken. **Rückreihe:** Die Maschen stricken, wie sie erscheinen.

Glatt rechts: In Runden stets rechte Maschen stricken.

MASCHENPROBE SCHAL

Kraus rechts mit Nadel Nr. 3,25: 24 Maschen und 40 Reihen = 10 x 10 cm

MASCHENPROBE MÜTZE

Glatt rechts mit Nadeln Nr. 3,25: 24 Maschen und 34 Reihen/Runden = 10 x 10 cm

SO GEHT'S

SCHAL MIT SCHLAUFE

14 Maschen (inkl. Randmaschen) in Lachs mit der 60 cm langen Rundstricknadel Nr. 3,25 locker anschlagen. Nun zwischen den Randmaschen (Kordelrand) wie folgt stricken: 1 Rückreihe linke Maschen stricken, dann 12 cm im 2/2-Rippenmuster arbeiten.

Die Anschlagkante mit der Arbeitsreihe verbinden. Dazu jeweils 1 Randmasche der Anschlagkante mit 1 Randmasche der Arbeitsreihe zusammenstricken, dann abwechselnd 1 Masche von der Nadel stricken und 1 Masche aus der Anschlagkante herausstricken, wieder jeweils die Randmaschen von Anschlagkante und Arbeitsreihe zusammenstricken = 24 Maschen.

Nun zwischen den Randmaschen kraus rechts stricken. In 42 cm Höhe mit den Abnahmen für die Spitze beginnen. Dafür am Reihenanfang nach den Randmaschen 2 Maschen rechts überzogen zusammenstricken und am Reihenende vor den Randmaschen 2 Maschen rechts zusammenstricken. Diese Abnahmen insgesamt 5x in jeder 4. Reihe und anschließend 5x in jeder 2. Reihe arbeiten.

Die restlichen 4 Maschen abketten und Fäden vernähen. In Beige einen kleinen Pompon mit 2 cm Durchmesser herstellen und festnähen.

Tipp: Für Kinder ab 12 Monaten einen längeren Schal bis zu einer Höhe von 48 cm stricken, sonst wie oben beschrieben arbeiten.

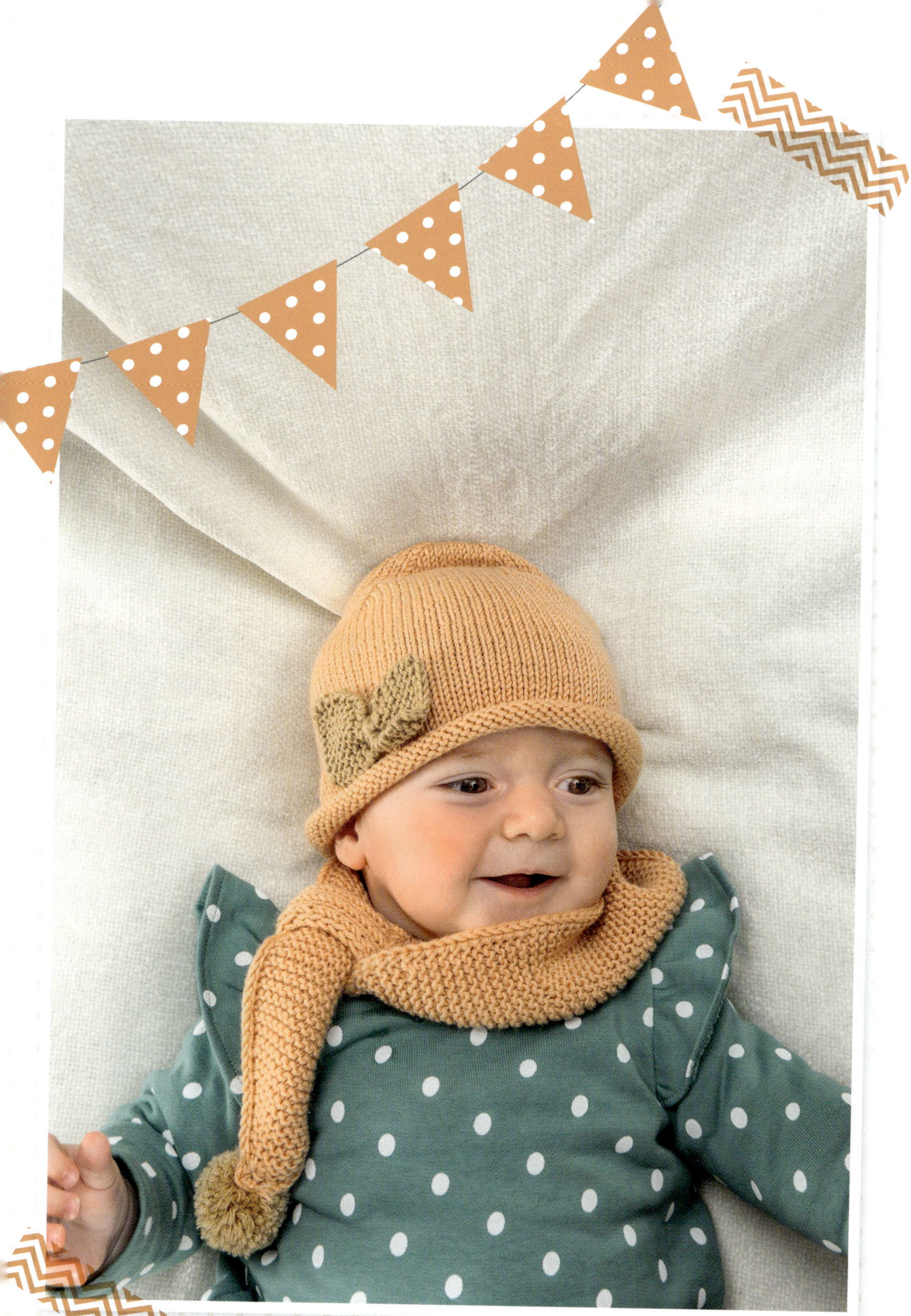

MÜTZE

95 Maschen in Lachs anschlagen, die Maschen gleichmäßig auf 4 Nadeln verteilen (= 24-24-24-23 Maschen), zur Runde schließen und glatt rechts stricken. Nach 13 cm ab Anschlag mit den Abnahmen beginnen. Dazu in der nächsten Runde jede 18. und 19. Masche rechts zusammenstricken. Es folgt 1 Runde ohne Abnahmen. In der nächsten Runde jede 18. und 17. Masche rechts zusammenstricken. 1 Runde ohne Abnahmen arbeiten. Nach diesem Prinzip weiterarbeiten (Abnahmen in jeder 2. Runde), bis noch 8 Maschen auf dem Nadelspiel sind. Die restlichen Maschen mit dem Arbeitsfaden fest zusammenziehen.

Für die **Schleife** 10 Maschen in Beige anschlagen und 8 cm kraus rechts in Reihen stricken. Dann alle Maschen abketten. Das kleine Rechteck in der Mitte mit einem Faden zur Schleife abbinden. Die Schleife an die Mütze nähen.

Der Rand der Mütze wird zum Tragen einfach hochgerollt.

Tipp: Diese Mütze können Sie auch mit dem Spitzenbündchen im Hufeisenmuster von Seite 54 stricken, dazu 1 Masche mehr anschlagen. Nach dem Spitzenrand die zugenommene Masche wieder abnehmen und wie oben beschrieben weiterstricken.

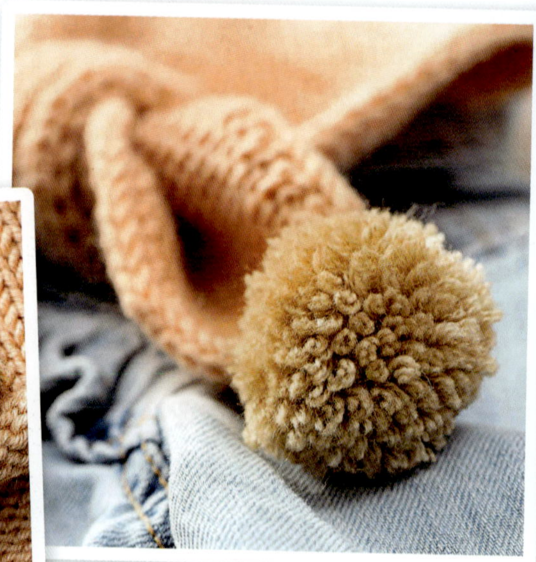

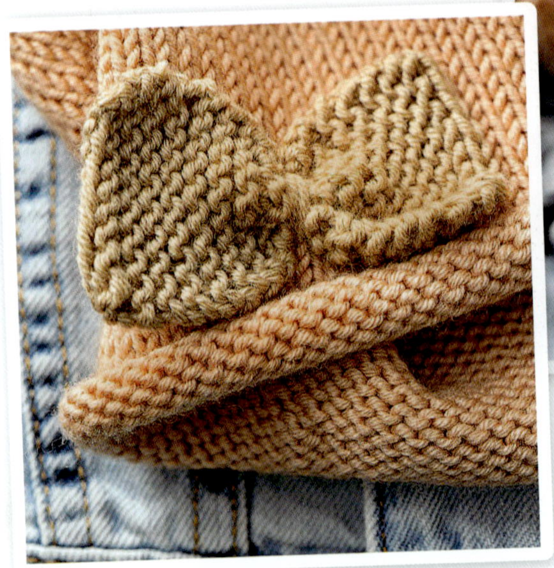

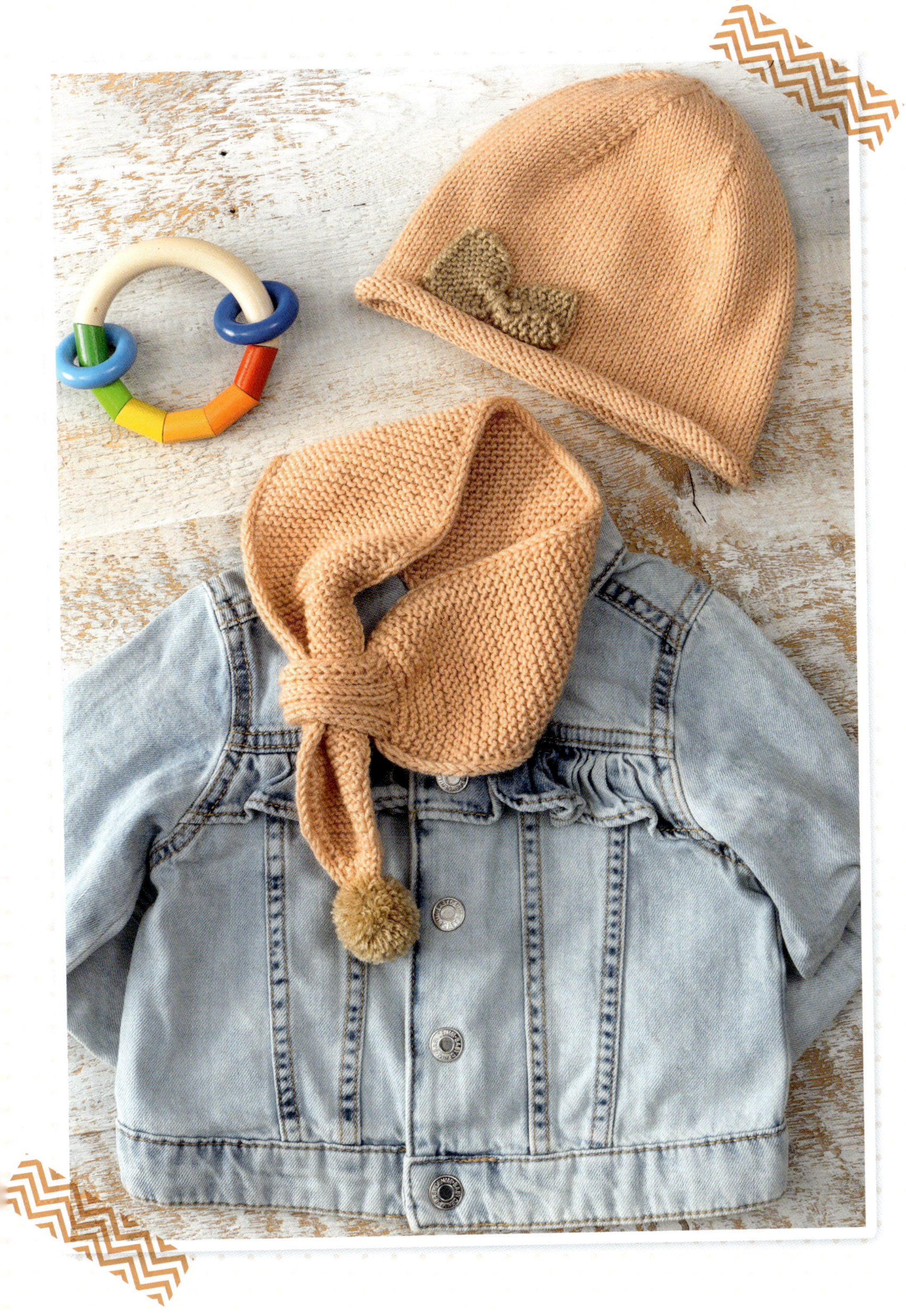

Ringelmäuschen

Mütze: bis 40 cm Kopfumfang
Söckchen: 3–6 Monate, ca. 9–10 cm Fußlänge

MATERIAL

- Lang Yarns „Cashmerino" (55 % Wolle, 33 % Polyacryl, 12 % Kaschmir, Lauflänge 125 m/50 g): je 50 g Offwhite und Acqua
- Nadelspiel Nr. 3,25 oder 3,5 (oder eine kurze Rundstricknadel gleicher Stärke)

2/2-Rippenmuster: 2 Maschen rechts, 2 Maschen links im Wechsel stricken.
Glatt rechts: In Hinreihen rechte Maschen, in Rückreihen linke Maschen stricken; in Runden stets rechte Maschen stricken.

MASCHENPROBE

Glatt rechts mit Nadeln Nr. 3,25: 24 Maschen und 34 Reihen/Runden = 10 x 10 cm

Hinweis: Für Mütze und Söckchen nach jeder 4. Runde die Farbe wechseln.

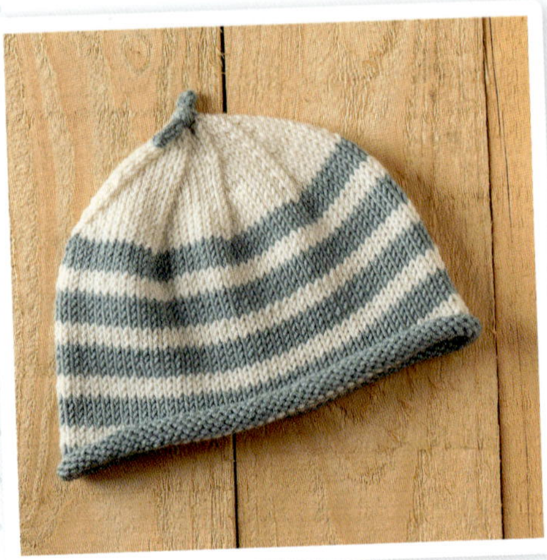

SO GEHT'S

MÜTZE

88 Maschen in Acqua anschlagen, die Maschen gleichmäßig auf 4 Nadeln verteilen (= 22 Maschen pro Nadel), zur Runde schließen und 4 Runden glatt rechts stricken. Zu Offwhite wechseln und weitere 4 Runden glatt rechts stricken, danach wieder wechseln. Den Farbwechsel insgesamt 4x arbeiten. Es folgen noch 4 Runden in Acqua, dann in Offwhite weiterstricken und mit den Abnahmen beginnen: In der 1. Abnahmerunde jede 11. und 10. Masche rechts zusammenstricken. Es folgt 1 Runde ohne Abnahmen. In der nächsten Runde jede 10. und 9. Masche rechts zusammenstricken. 1 Runde ohne Abnahmen arbeiten. Nach diesem Prinzip weiterarbeiten (Abnahmen in jeder 2. Runde), bis noch 8 Maschen auf dem Nadelspiel sind. Je 4 Maschen auf eine Nadel legen. Nun für den **Zipfel (I-Cord)** mit Acqua auf der 1. Nadel 2 Maschen rechts zusammenstricken = 3 Maschen. * 3 Maschen rechts stricken, die Arbeit nicht wenden, sondern die Maschen wieder an das andere Ende der Nadel schieben, ab * 7x wiederholen. Den Arbeitsfaden durch die Maschen ziehen und den Faden nach innen ziehen. Mit der 2. Nadel ebenso verfahren, aber 8 Wiederholungen arbeiten. Dann die beiden Zipfel verknoten. Alle Fäden sorgfältig vernähen.

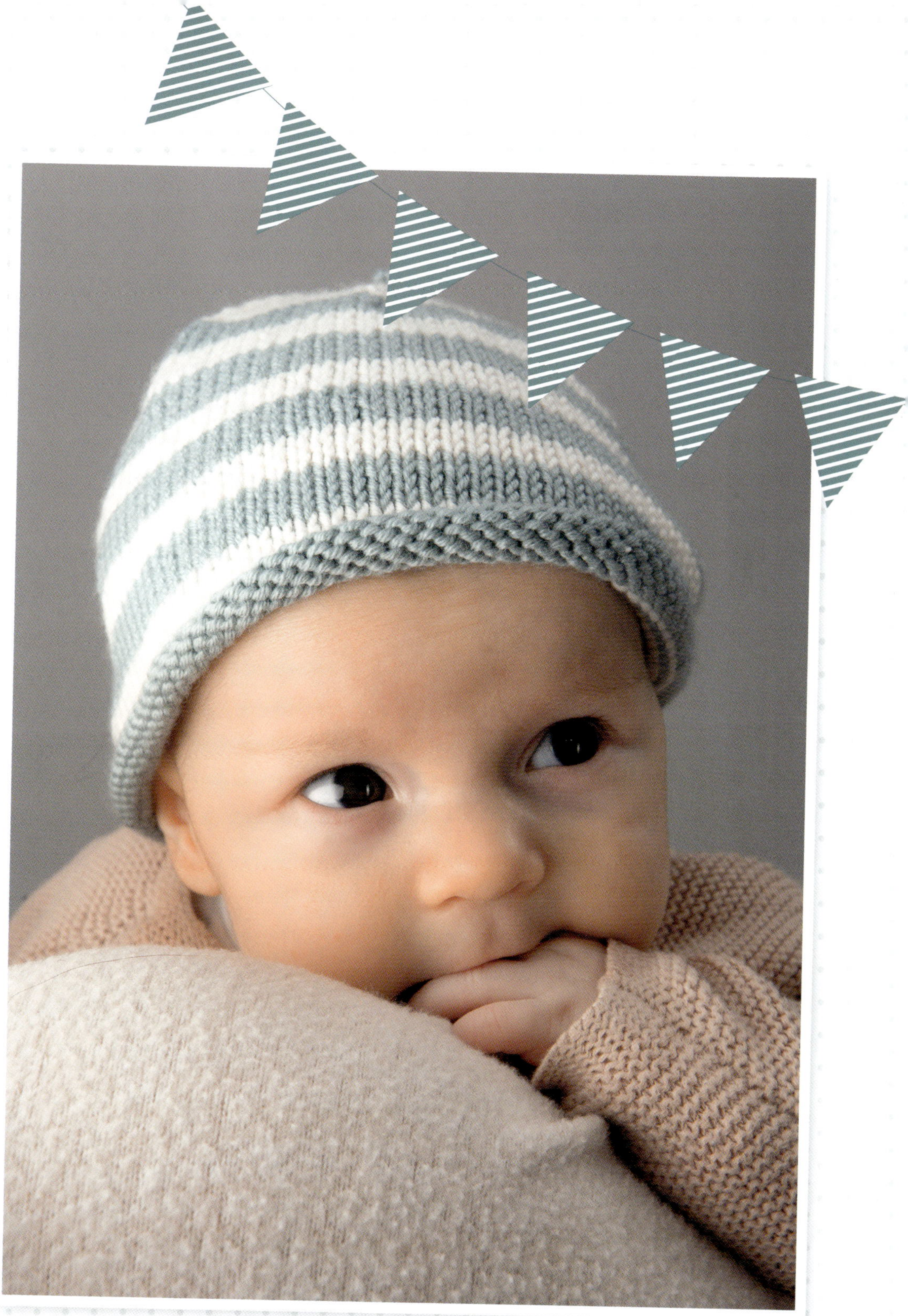

SÖCKCHEN

32 Maschen in Acqua anschlagen, gleichmäßig auf 4 Nadeln verteilen (= 8 Maschen pro Nadel) und zur Runde schließen. Für das Bündchen 10 Runden im 2/2-Rippenmuster stricken. Dann für den Schaft 4 cm glatt rechts 2 Runden Offwhite und 2 Runden Acqua im Wechsel stricken, mit Offwhite enden. Anschließend mit der Ferse beginnen. Die Ferse wird in Acqua als einfache Käppchenferse über die Hälfte der Maschen gearbeitet (siehe Grundanleitung, Seite 56). Sind nur noch die Maschen des mittleren Drittels übrig, 2 Runden in Offwhite stricken, dabei aus den Seitenrändern des Fersenkäppchens die erforderlichen Maschen auffassen und mit den Zwickelabnahmen beginnen.

Nach 7 cm Fußlänge mit den Abnahmen für die Bandspitze beginnen. Die Bandspitze in Offwhite nach der Grundanleitung arbeiten (siehe Seite 57): 1x in der 2. Runde nach der 1. Abnahme, danach in jeder Runde abnehmen. Die restlichen Maschen mit dem Arbeitsfaden fest zusammenziehen.

Das zweite Söckchen ebenso arbeiten.

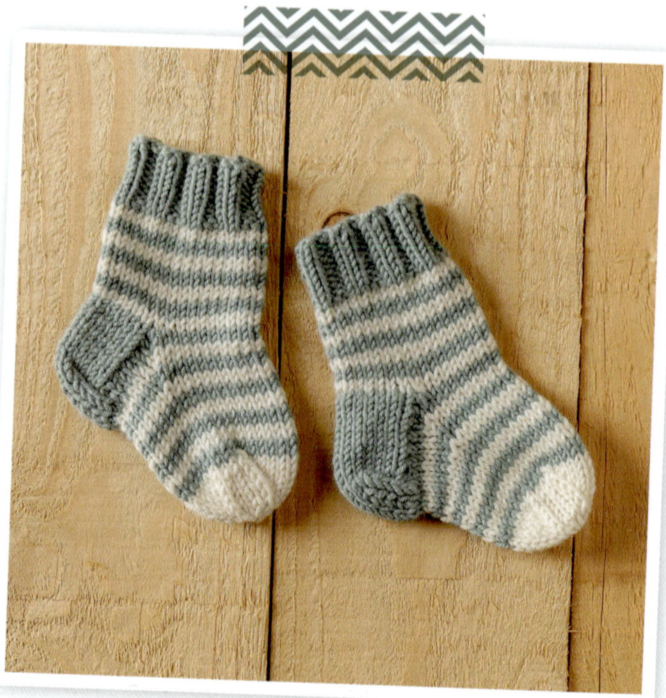

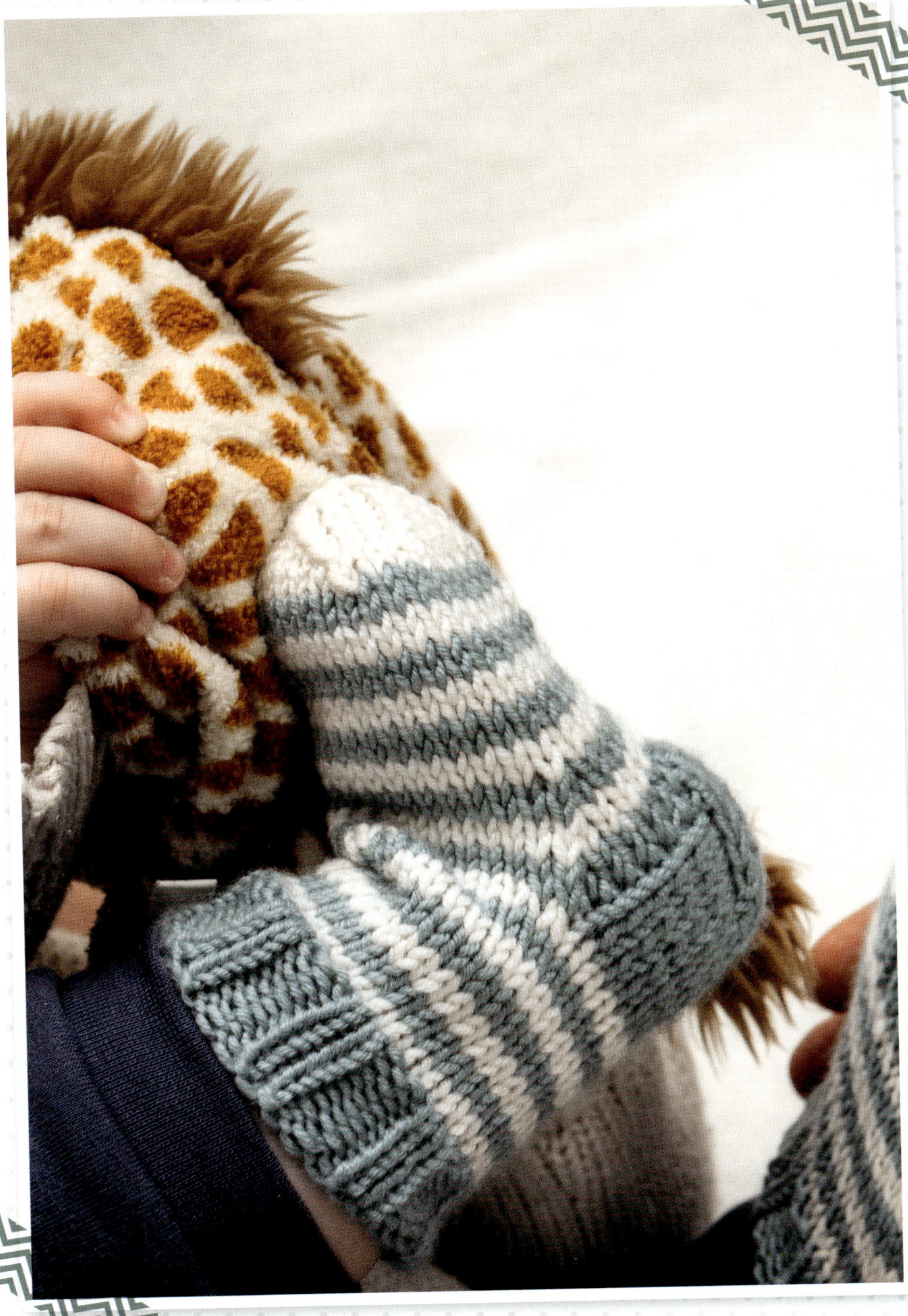

Däumelinchen

Kniestrümpfe mit Lochmuster: 10,5 cm Fußlänge
Fäustlinge mit Daumen: ca. 11–12 cm Handumfang

MATERIAL

- Lang Yarns „Super Soxx 6-fach" (75 % Schurwolle, 25 % Polyamid, Lauflänge ca. 410 m/150 g): **für die Kniestrümpfe** 150 g Rosa und **für die Fäustlinge** je 150 g Rosa und Altrosa; **für beide Teile zusammen** reichen je 150 g Rosa und Altrosa
- Nadelspiel Nr. 3
- große Sicherheitsnadel (für die Fäustlinge, zum Stilllegen der Daumenkeilmaschen)

2/2-Rippenmuster: 2 Maschen rechts, 2 Maschen links im Wechsel stricken.
Glatt rechts: In Hinreihen rechte Maschen, in Rückreihen linke Maschen stricken; in Runden stets rechte Maschen stricken.
Lochmuster: Maschenzahl teilbar durch 4.
1. Runde: 2 Maschen rechts, 2 Maschen links im Wechsel stricken. 2. Runde: * 1 Masche rechts, 1 Umschlag, 1 Masche rechts, 2 Maschen links stricken, ab * stets wiederholen. 3. Runde: * 3 Maschen rechts (den Umschlag rechts abstricken), 2 Maschen links, ab * stets wiederholen. 4. Runde: Wie die 3. Runde stricken. 5. Runde: * 1 Masche wie zum Rechtsstricken abheben, 2 Maschen rechts stricken und die abgehobene Masche darüberziehen, 2 Maschen links stricken, ab * stets wiederholen. Die 1.–5. Runde stets wiederholen.

Zopfrippenmuster: Maschenzahl teilbar durch 4.
1.–3. Runde: 2 Maschen rechts, 2 Maschen links im Wechsel stricken. **4. Runde:** 2 Maschen rechts stricken, dabei zuerst in die 2. Masche einstechen, die Masche stricken, aber auf der linken Nadel belassen, dann die 1. Masche stricken. Nun beide Maschen zusammen von der linken Nadel gleiten lassen, 2 Maschen links stricken, ab * stets wiederholen. Die 1.–4. Runde stets wiederholen.

MASCHENPROBE

Glatt rechts mit Nadeln Nr. 3: 22 Maschen und 33 Reihen = 10 x 10 cm

SO GEHT'S

KNIESTRÜMPFE

40 Maschen in Rosa anschlagen, gleichmäßig auf 4 Nadeln verteilen (= 10 Maschen pro Nadel) und zur Runde schließen. Für das Bündchen 6 cm im 2/2-Rippenmuster stricken. Anschließend im Lochmuster weiterarbeiten. Die 1.–5. Runde insgesamt 6x stricken. Dann mit der Ferse beginnen. Die Ferse wird als einfache Käppchenferse über die Hälfte der Maschen gearbeitet (siehe Grundanleitung, Seite 56). Sie können auch jede andere Fersenform stricken.
Anschließend den Fuß glatt rechts arbeiten. Nach 8,5 cm Fußlänge mit den Abnahmen für die Bandspitze beginnen. Die Bandspitze nach der Grundanleitung arbeiten (siehe Seite 57). Die restlichen Maschen mit dem Arbeitsfaden fest zusammenziehen.
Den zweiten Kniestrumpf ebenso arbeiten.

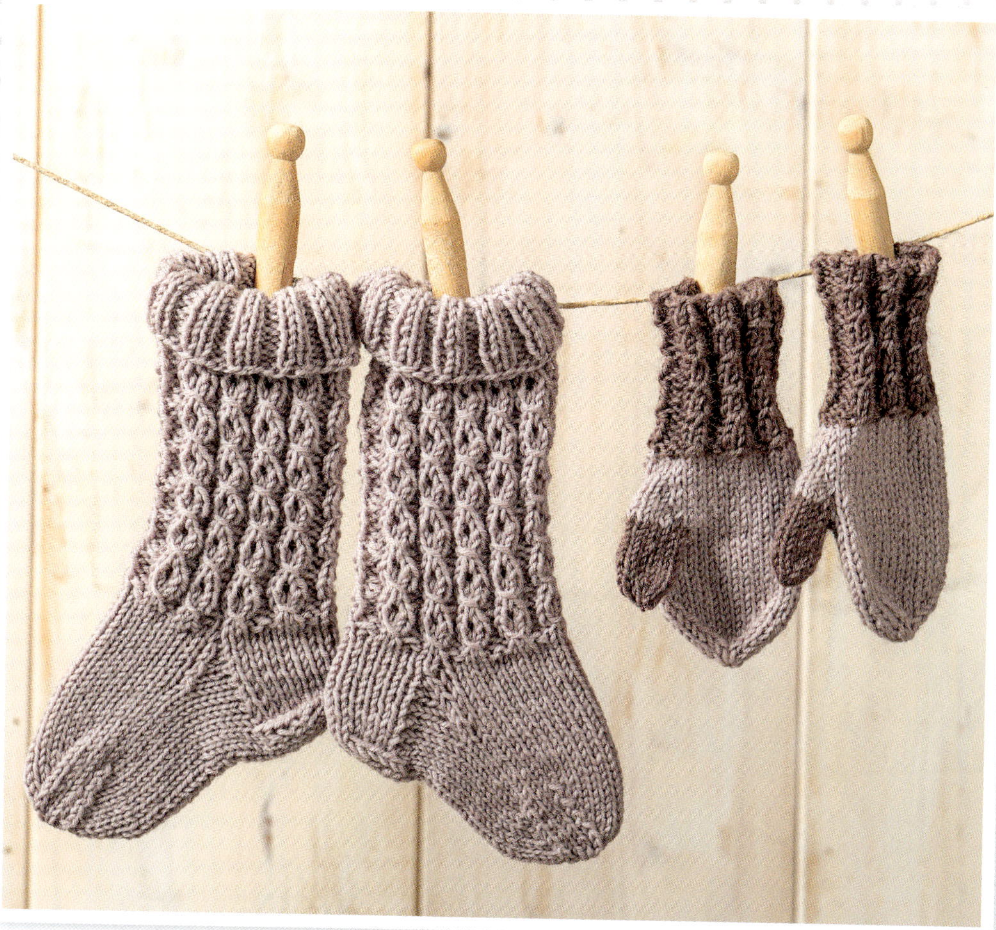

FÄUSTLINGE MIT DAUMEN

Rechter Handschuh: 28 Maschen in Altrosa anschlagen, gleichmäßig auf 4 Nadeln verteilen (= 7 Maschen pro Nadel) und zur Runde schließen. Die Maschen der Handfläche sind auf der 1. und 2. Nadel, die Maschen des Handrückens auf der 3. und 4. Nadel.

Für das Bündchen zunächst im Zopfrippenmuster stricken, die Die 1.–4. Runde insgesamt 5x arbeiten. Zu Rosa wechseln und ab jetzt glatt rechts stricken. 2 Runden stricken, dann für den Daumenkeil auf der 1. Nadel 1 Masche rechts stricken, dann 1 Masche rechts verschränkt aus dem Querfaden herausstricken (diese Masche markieren = Mittelmasche Daumenkeil) und die Runde beenden.

Weiter in jeder 2. Runde 3x vor und nach der Mittelmasche jeweils 1 Masche rechts verschränkt aus dem Querfaden herausstricken (= 7 Maschen Daumenkeil). Nach der letzten Zunahme noch 1 Runde rechte Maschen stricken und die 7 Maschen auf einer Sicherheitsnadel stilllegen.

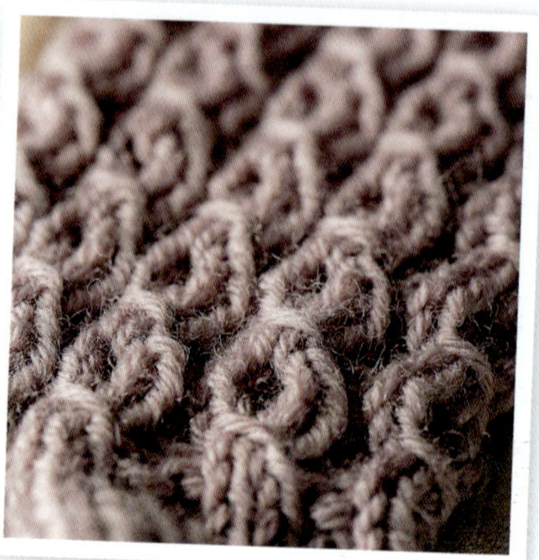

Über den stillgelegten Daumenkeilmaschen für den Daumensteg 3 Maschen dazu anschlagen und 1 Runde rechte Maschen stricken, über die Maschen des Daumenstegs ebenfalls glatt rechts stricken = 31 Maschen.

In der folgenden Runde die ersten 2 Stegmaschen mit der Masche davor rechts überzogen zusammenstricken (= 1 Masche wie zum Rechtsstricken abheben, 2 Maschen rechts zusammenstricken, die abgehobene Masche überziehen) = 29 Maschen. In der nächsten Runde an der gleichen Stelle 2 Maschen rechts zusammenstricken = 28 Maschen.

Weiter glatt rechts in Runden bis zu einer Höhe von 7,5 cm (ab Bündchen) stricken.

Die Bandspitze wie für Söckchen nach der Grundanleitung Socken arbeiten (siehe Seite 57): Nach der 1. Abnahme noch 3x in jeder 2. Runde, danach in jeder Runde abnehmen. Die restlichen Maschen mit dem Arbeitsfaden fest zusammenziehen.

Für den Daumen die stillgelegten 7 Maschen von der Sicherheitsnadel auf eine Nadel nehmen, 3 Maschen in Altrosa aus dem Steg auffassen (= 10 Maschen). Die Maschen auf 3 Spielnadeln verteilen (= 3-3-4 Maschen) und in Altrosa 7 Runden glatt rechts stricken, dann am Ende jeder Nadel jeweils 2 Maschen zusammenstricken. Die restlichen 7 Maschen mit dem Arbeitsfaden fest zusammenziehen.

Linker Handschuh: Gegengleich zum rechten Handschuh arbeiten (Handfläche: 3. und 4. Nadel, Handrücken: 1. und 2. Nadel). Die Zunahmen für den Daumenkeil auf der 4. Nadel arbeiten: Die 1. Zunahme erfolgt zwischen der vorletzten und letzten Masche der Nadel (= Mittelmasche Daumenkeil).

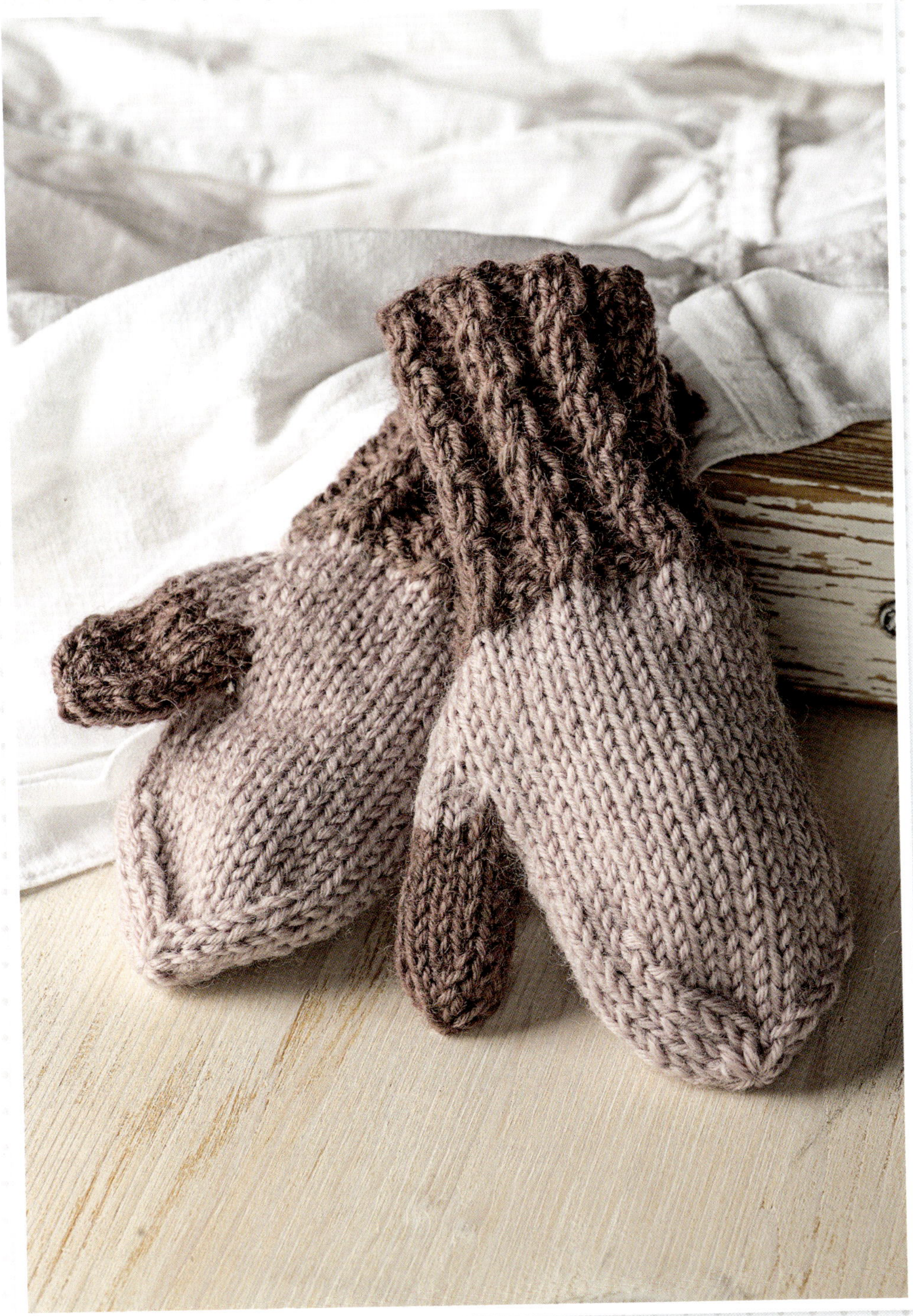

Kleiner Sonnenschein

Mütze: 38–40 cm Kopfumfang
Söckchen: 9 cm Fußlänge

MATERIAL

- Schachenmayr „Merino Extrafine 170" (100 % Schurwolle, Lauflänge 170 m/50 g): **für die Mütze** je 50 g Weiß, Sonne, Pink und Mint und **für die Söckchen** je 50 g Weiß, Sonne, Pink und Mint
- Nadelspiel Nr. 3

Kraus rechts: 1 Runde linke Maschen, 1 Runde rechte Maschen im Wechsel stricken.

Streifenfolge Mütze: 2 Runden Weiß mit je 2 Runden Pink, Mint, Sonne im Wechsel (= 6 Runden), ab * 2x wiederholen (= 18 Runden).

Picotrand: Den Faden in der gewünschten Farbe anschlingen und wie folgt häkeln: * 1 feste Masche in die Anschlagkante, 3 Luftmaschen, 1 feste Masche in die 1. Luftmasche, 2 Maschen der Anschlagkante übergehen, ab * stets wiederholen, bis der gesamte Rand umhäkelt ist.

Streifenfolge Söckchen: 4 Runden Weiß, 4 Runden Pink, 2 Runden Weiß, 4 Runden Mint, 2 Runden Weiß, 4 Runden Sonne (= 20 Runden).

2/2-Rippenmuster: 2 Maschen rechts, 2 Maschen links im Wechsel stricken.

Glatt rechts: In Hinreihen rechte Maschen, in Rückreihen linke Maschen stricken; in Runden stets rechte Maschen stricken.

MASCHENPROBE

Kraus rechts mit Nadeln Nr. 3: 28 Maschen und 36 Reihen = 10 x 10 cm

Hinweis: Für die Mütze erfolgen der Farbwechsel und Abnahmen stets in den rechts gestrickten Runden.

SO GEHT'S

MÜTZE

96 Maschen in Weiß anschlagen, die Maschen gleichmäßig auf 4 Nadeln verteilen (= 24 Maschen pro Nadel), zur Runde schließen und 2 Runden kraus rechts stricken.

Dann kraus rechts in der Streifenfolge wie oben angegeben weiterarbeiten. Nach der 18 Runden Streifenfolge in Weiß weiterarbeiten. In 10 cm ab Anschlag mit den Abnahmen beginnen: 8 Maschen pro Runde abnehmen, dazu jeweils am Anfang und am Ende jeder Nadel 2 Maschen rechts zusammenstricken. Diese Abnahmen noch 10x in jeder 2. Runde (Rechts-Runde) wiederholen. Die restlichen 8 Maschen mit dem Arbeitsfaden fest zusammenziehen.

Die Mütze mit einem Picotrand umhäkeln.

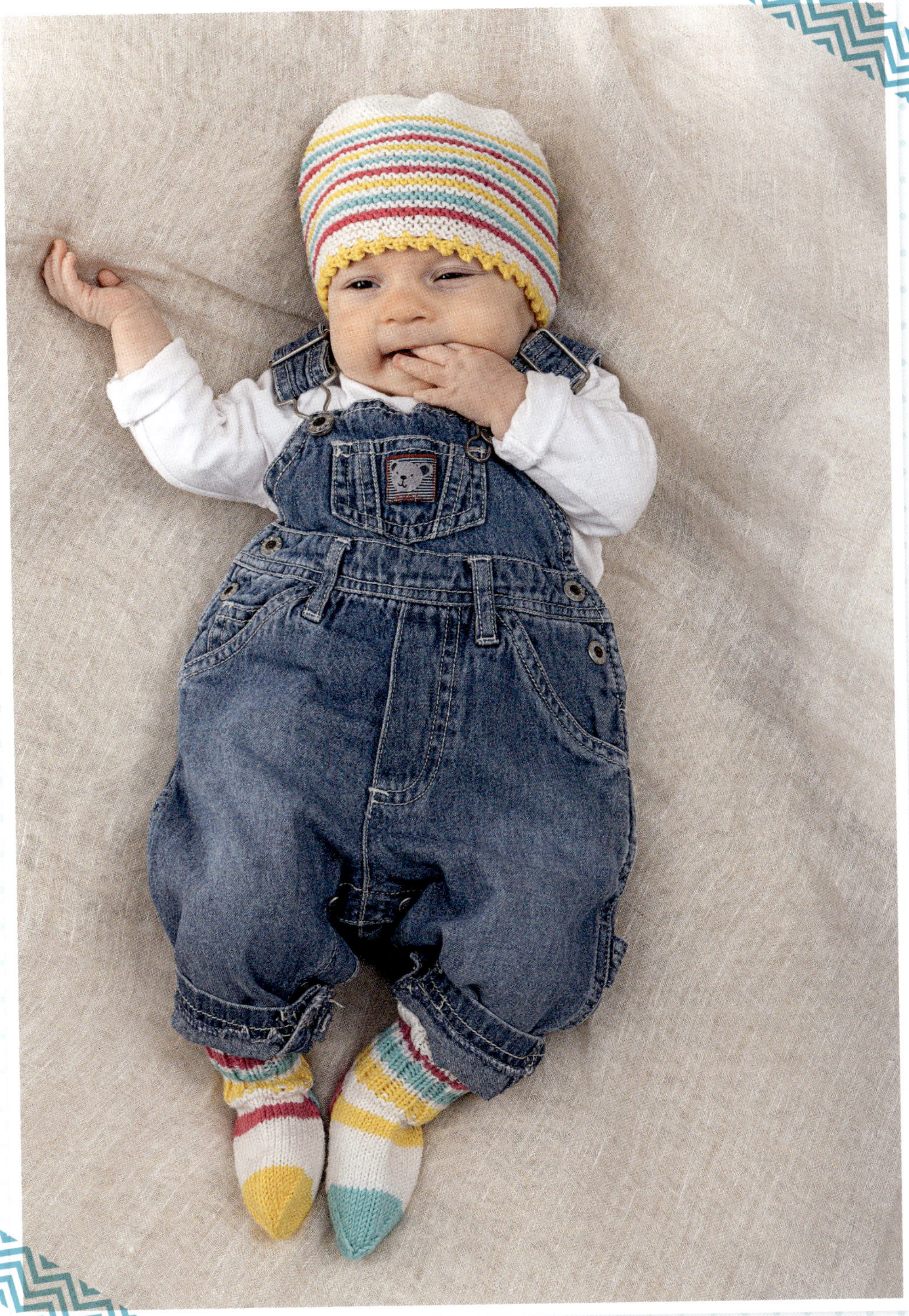

SÖCKCHEN

35 Maschen in Weiß anschlagen, gleichmäßig auf 4 Nadeln verteilen (= 8 Maschen pro Nadel) und zur Runde schließen. Für den Schaft 1x die oben angegebene Streifenfolge im 2/2-Rippenmuster stricken. Anschließend weitere 4 Runden in Weiß im 2/2-Rippenmuster arbeiten.

Dann mit der Ferse beginnen. Die Ferse wird als einfache Käppchenferse über die Hälfte der Maschen gestrickt (siehe Grundanleitung, Seite 56). Die Fersenwand in Mint, das Käppchen und die darauffolgenden 4 Runden (Auffassen der Fersenmaschen und Beginn Zwickel) in Pink arbeiten.

Anschließend den Fuß glatt rechts in Weiß arbeiten. Nach 7 cm Fußlänge mit den Abnahmen für die Bandspitze beginnen. Die Bandspitze in Sonne nach der Grundanleitung arbeiten (siehe Seite 57): 1x in der 3. Runde nach der 1. Abnahme, 2x in jeder 2. Runde, danach in jeder Runde abnehmen. Die restlichen Maschen mit dem Arbeitsfaden fest zusammenziehen.

Das zweite Söckchen ebenso arbeiten, jedoch die Ferse in Pink und Sonne, die Bandspitze in Mint arbeiten.

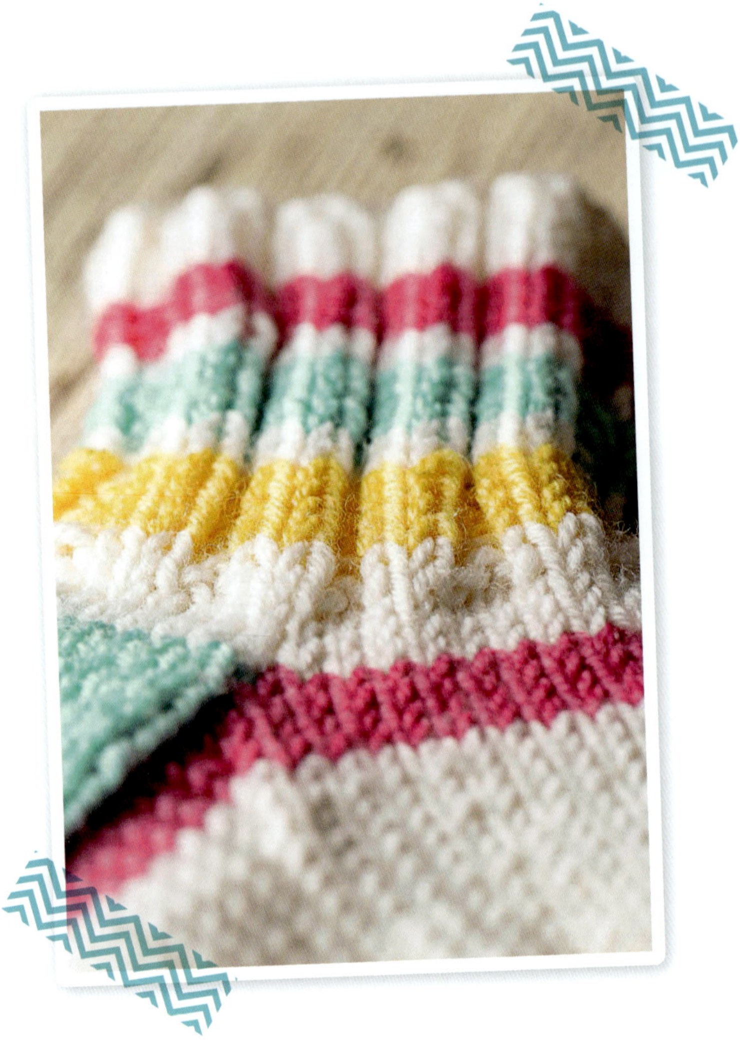

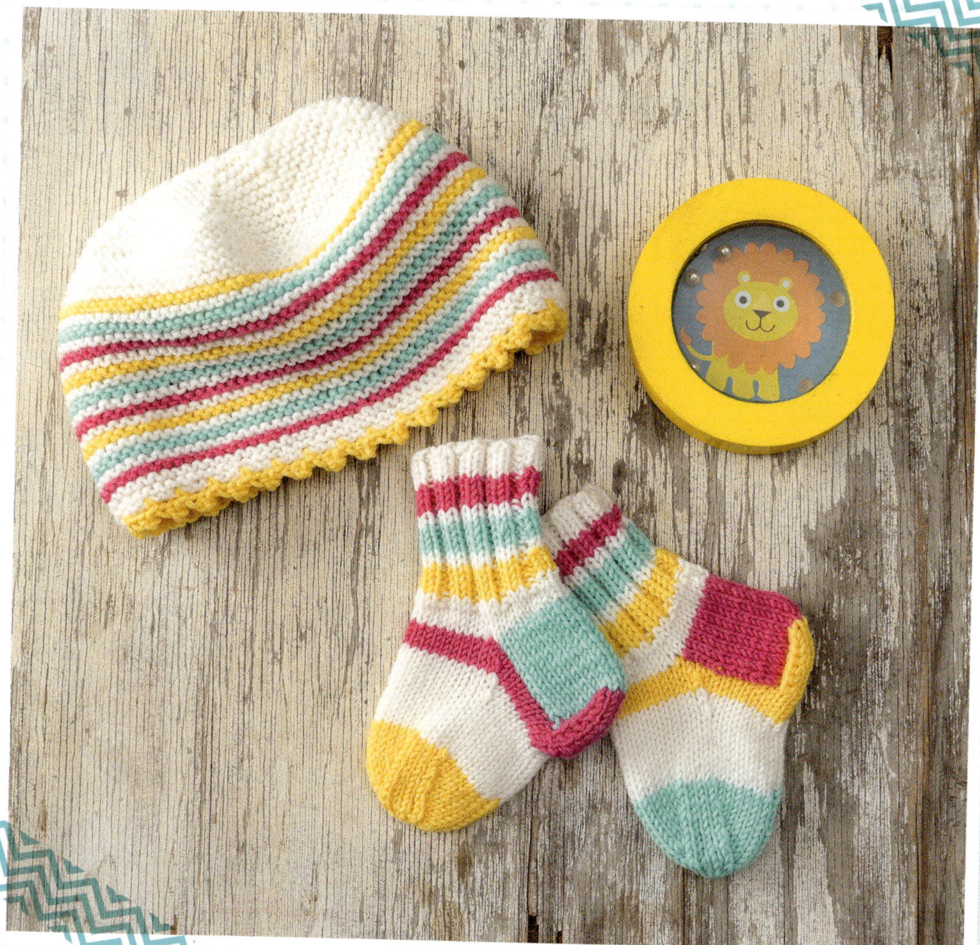

Niedliches Spitzen-Duo

Söckchen aus 4-fädigem Garn: bis 6 Monate, ca. 10 cm Fußlänge
Schühchen aus 6-fädigem Garn: bis 6 Monate, ca. 10 cm Fußlänge

MATERIAL

- Lang Yarns „Jawoll" (75 % Schurwolle, 25 % Polyamid, Lauflänge 210 m/50 g): 50 g Offwhite (für die Söckchen)
- Lang Yarns „Super Soxx 6-fach" (75 % Schurwolle, 25 % Polyamid, Lauflänge ca. 410 m/150 g): 150 g Burgund (für die Schühchen)
- Nadelspiel Nr. 2,5 und Nr. 3

1/1-Rippenmuster: 1 Masche rechts, 1 Masche links im Wechsel stricken.

Glatt rechts: In Hinreihen rechte Maschen, in Rückreihen linke Maschen stricken; in Runden stets rechte Maschen stricken.

2/2-Rippenmuster: 2 Maschen rechts, 2 Maschen links im Wechsel stricken.

Kraus rechts: In Hin- und Rückreihen stets rechte Maschen stricken.

MASCHENPROBE

Glatt rechts mit Jawoll und Nadeln Nr. 2,5: 30 Maschen und 42 Reihen/Runden = 10 x 10 cm

Glatt rechts mit Super Soxx 6-fach und Nadeln Nr. 3: 22 Maschen und 33 Reihen/Runden = 10 x 10 cm

SO GEHT'S

SÖCKCHEN

80 Maschen in Offwhite anschlagen, gleichmäßig auf 4 Nadeln verteilen (= 20 Maschen pro Nadel) und zur Runde schließen. Für den Rüschenrand wie folgt arbeiten: * 10 Maschen rechts stricken, dann die 9. Masche wie beim Abketten über die 10. Masche heben, anschließend ebenso nacheinander die 8., 7., 6., 5. und 4. Masche über die 10. Masche heben, ab * wiederholen bis zum Rundenende = 32 Maschen. 1 Runde rechte Maschen stricken, dann im 1/1-Rippenmuster weiterarbeiten. In 6 cm Schafthöhe die Ferse als einfache Käppchenferse über die Hälfte der Maschen arbeiten (siehe Grundanleitung, Seite 56).

Nach Abschluss der Ferse den Fuß glatt rechts arbeiten. Nach 7 cm Fußlänge mit den Abnahmen für die Bandspitze beginnen. Die Bandspitze nach der Grundanleitung arbeiten (siehe Seite 57). Die restlichen Maschen mit dem Arbeitsfaden fest zusammenziehen.

Das zweite Söckchen ebenso arbeiten.

Tipp: Der Rüschenrand kann für viele Strickstücke verwendet werden. Benötigt wird immer die zweieinhalbfache Menge an Maschen. Bei 32 Maschen also + 32 + 16.

SCHÜHCHEN

Mit zwei Spielnadeln Nr. 3 in Burgund 10 Maschen anschlagen und für die Sohle in Reihen kraus rechts stricken bis zu einer Höhe von 9 cm. Den Faden nicht abschneiden. Diese Nadel bildet die Fersennadel (= 1. Nadel). Nun um die Sohle herum Maschen auffassen: aus der ersten Längskante 18 Maschen (= 2. Nadel), aus der Anschlagkante 8 Maschen (= 3. Nadel) und aus der zweiten Längskante wieder 18 Maschen (= 4. Nadel) herausstricken. Es wird in Runden weitergestrickt. Zunächst 1 Runde linke Maschen stricken und dabei auf der 1. Nadel (= Fersennadel) die 2. und 3. Masche sowie die 8. und 9. Masche rechts zusammenstricken = 8 Maschen. Insgesamt sind nun 52 Maschen vorhanden. Anschließend * 2 Runden rechte Maschen, 2 Runden linke Maschen stricken, ab noch 1x wiederholen. Den Faden abschneiden.

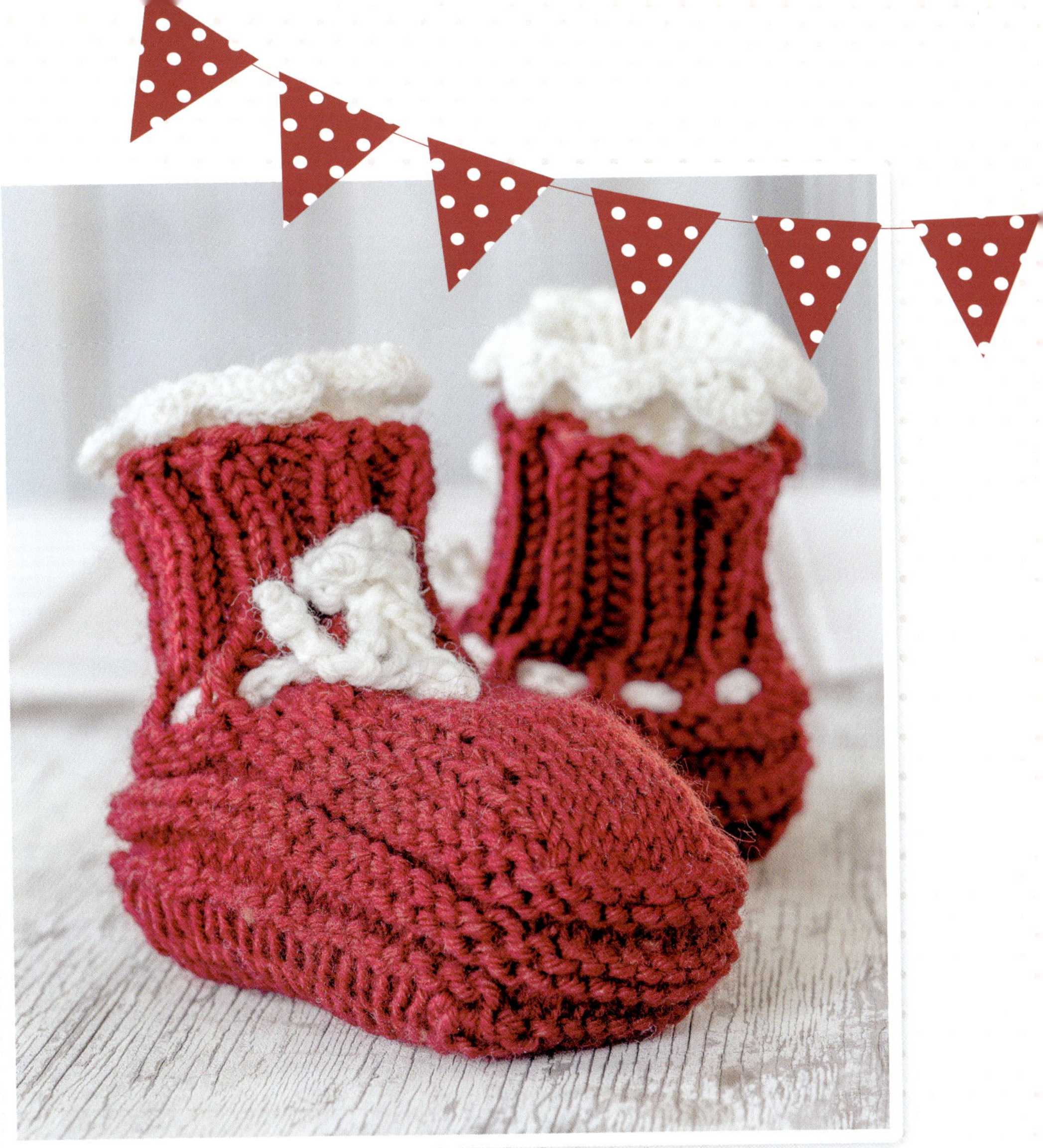

Nun für das Fußblatt über die 8 Maschen der 3. Nadel wie folgt stricken:

1. Reihe (Hinreihe): Die 1. Masche abheben, 6 Maschen rechts stricken, die letzte Masche mit der 1. Masche der stillgelegten Nadel (= 4. Nadel) rechts zusammenstricken.

2. Reihe (Rückreihe): Die 1. Masche wie zum Linksstricken abheben, 6 Maschen links stricken, die letzte Masche mit der 1. Masche der stillgelegten Nadel (= 2. Nadel) links zusammenstricken.

Diese beiden Reihen wiederholen, bis sich auf den seitlichen Nadeln noch jeweils 8 Maschen befinden.

Nun weiter in Runden stricken. Zunächst 1 Lochrunde arbeiten: * 2 Maschen rechts zusammenstricken, 1 Umschlag, ab * bis zum Rundenende wiederholen.

Danach für den Schaft im 2/2-Rippenmuster stricken bis zu einer Höhe von ca. 4,5 cm. Die Maschen sehr locker abketten. Alle Fäden sauber vernähen.

In Offwhite eine Luftmaschenkette (ca. 30 cm lang) häkeln und durch die Lochrunde ziehen.

Prince Charming

Mütze mit verlängerter Nackenpartie: bis 44 cm Kopfumfang
Söckchen: 9–12 Monate, ca. 11 cm Fußlänge

MATERIAL

- Lang Yarns „Cashmerino" (55 % Wolle, 33 % Polyacryl, 12 % Kaschmir, Lauflänge 125 m/50 g): für die Mütze je 50 g Beige und Acqua, für die Söckchen je 50 g Beige und Acqua; **für beide Teile zusammen** reichen je 50 g Beige und Acqua
- Nadelspiel Nr. 3,25 oder 3,5 (Mütze und Söckchen)
- evtl. kurze Rundstricknadel gleicher Stärke (Mütze)

Glatt rechts: In Hinreihen rechte Maschen, in Rückreihen linke Maschen stricken; in Runden stets rechte Maschen stricken.
Hebemaschenmuster: Nach der Strickschrift stricken. Es ist jede Runde gezeichnet. Den Mustersatz (MS) von 4 Maschen stets wiederholen. Die 1.–8. Runde 1x stricken, dann die 1.–6. Runde noch 1x arbeiten (= 14 Runden). Farbwechsel jeweils nach 2 Runden, Farbfolge an der Strickschrift beachten: Farbe 1 = Acqua, Farbe 2 = Beige
2/2-Rippenmuster: 2 Maschen rechts, 2 Maschen links im Wechsel stricken.
Randmaschen (Kordelrand): Die 1. und 2. Masche jeder Reihe rechts stricken, die letzten beiden Maschen jeder Reihe wie zum Linksstricken abheben (Faden vor der Arbeit).

STRICKSCHRIFT

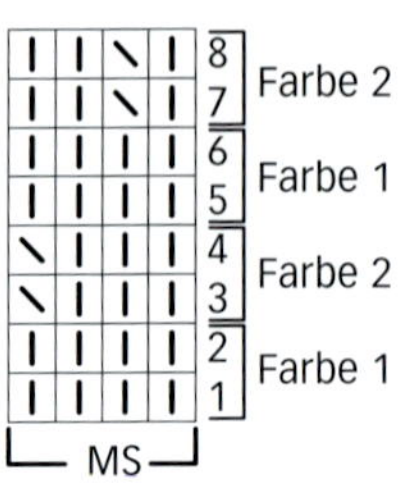

Zeichenerklärung
I = 1 Masche rechts
\ = 1 Masche wie zum Linksstricken abheben, der Faden liegt dabei hinter der Arbeit

MASCHENPROBE

Glatt rechts mit Nadeln Nr. 3,25: 24 Maschen und 34 Reihen/Runden = 10 x 10 cm

SO GEHT'S

MÜTZE

Die Mütze von oben nach unten stricken.
12 Maschen in Beige anschlagen, die Maschen gleichmäßig auf 3 Spielnadeln verteilen (= 4 Maschen pro Nadel) und zur Runde schließen. In der 1. Runde alle Maschen rechts verschränkt stricken.
2. Runde: * 1 Masche rechts verschränkt aus dem Querfaden herausstricken, 2 Maschen rechts, ab * stets wiederholen = 20 Maschen.
3. Runde: Alle Maschen rechts stricken.
4. Runde: * 1 Masche rechts verschränkt aus dem Querfaden herausstricken, 3 Maschen rechts, ab * stets wiederholen = 24 Maschen.
5. Runde: Alle Maschen rechts stricken.
6. Runde: * 1 Masche rechts verschränkt aus dem Querfaden herausstricken, 4 Maschen rechts, ab * stets wiederholen = 30 Maschen.
Nach diesem Prinzip weiter zunehmen, bis insgesamt 96 Maschen auf den Nadeln liegen.
Die 96 Maschen gleichmäßig auf 4 Spielnadeln verteilen (= 24 Maschen pro Nadel) oder auf eine kurze Rundstricknadel legen. 3 Runden glatt rechts in Beige stricken. Dann im Hebemaschenmuster nach der Strickschrift stricken. Die 1.–8. Runde 1x stricken, dann die 1.–6. Runde noch 1x arbeiten (= 14 Runden).
Nun 2 Runden glatt rechts in Beige stricken. In der nächsten Runde gleichmäßig verteilt 8 Maschen abnehmen, dafür jede 11. und 12. Masche rechts zusammenstricken = 88 Maschen. Weitere 3 Runden glatt rechts in Beige arbeiten.

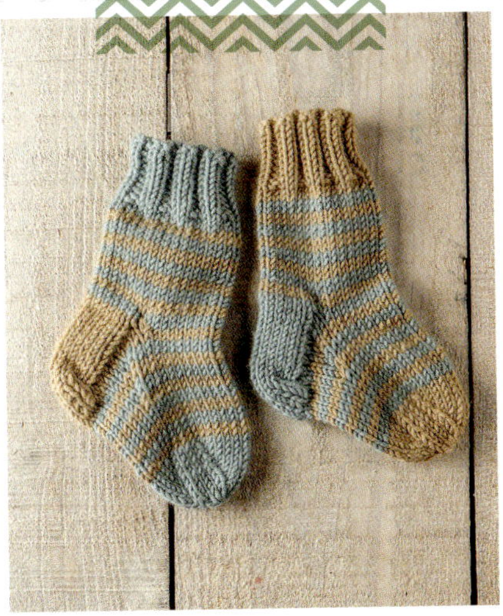

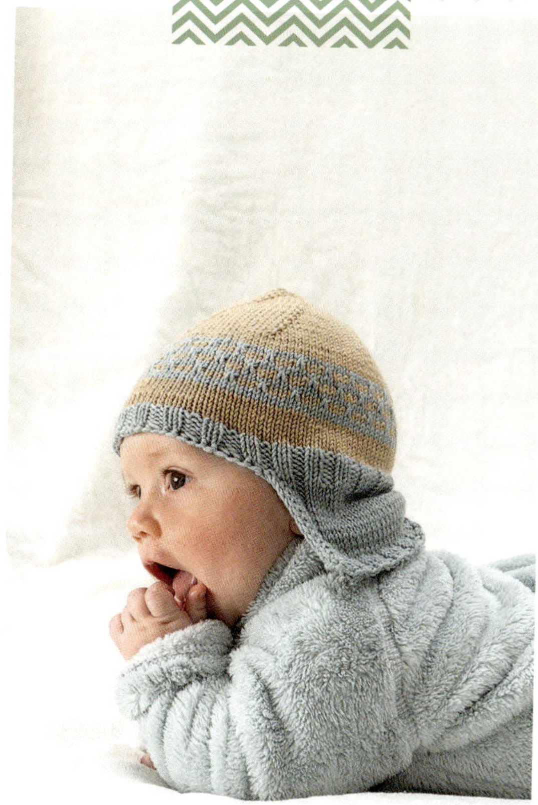

Zu Acqua wechseln und 6 Runden im 2/2-Rippenmuster stricken. Dann die mittleren 30 Maschen abketten. Über die restlichen 58 Maschen wie folgt weiterarbeiten, dabei die Randmaschen als Kordelrand stricken. 2 Reihen im 2/2-Rippenmuster stricken, dann 18 Reihen in folgender Einteilung arbeiten: Randmaschen, 2 Maschen links, 50 Maschen glatt rechts, 2 Maschen links Randmaschen. Zuletzt noch 3 Reihen im 2/2-Rippenmuster stricken, dann alle Maschen locker abketten.

SÖCKCHEN

32 Maschen in Acqua anschlagen, gleichmäßig auf 4 Nadeln verteilen (= 8 Maschen pro Nadel) und zur Runde schließen. Für das Bündchen 11 Runden im 2/2-Rippenmuster stricken. Dann für den Schaft ca. 5,5 cm glatt rechts 2 Runden Beige und 2 Runden Acqua im Wechsel stricken, mit Beige enden. Anschließend mit der Ferse beginnen. Dann 4 cm je 2 Runden Offwhite und Acqua im Wechsel stricken, mit Offwhite enden. Anschließend mit der Ferse beginnen. Die Ferse wird in Acqua als einfache Käppchenferse über die Hälfte der Maschen gearbeitet (siehe Grundanleitung, Seite 56).

Für den Fuß die Streifenfolge fortsetzen. Nach 8 cm Fußlänge mit den Abnahmen für die Bandspitze beginnen. Die Bandspitze in Acqua nach der Grundanleitung arbeiten (siehe Seite 57). Die restlichen Maschen mit dem Arbeitsfaden fest zusammenziehen.

Das zweite Söckchen ebenso arbeiten, jedoch in umgekehrter Farbfolge (siehe Foto).

Strampelmann

Kniestrümpfe: 12 Monate, Schuhgröße 18–20, ca. 12,5–13 cm Fußlänge

MATERIAL

- Lang Yarns „Jawoll" (75 % Schurwolle, 25 % Polyamid, Lauflänge 210 m/50 g): je 50 g Blau, Graublau, Weiß und Burgund
- Nadelspiel Nr. 2,5

2/2-Rippenmuster: 2 Maschen rechts, 2 Maschen links im Wechsel stricken.

Glatt rechts: In Hinreihen rechte Maschen, in Rückreihen linke Maschen stricken; in Runden stets rechte Maschen stricken.

MASCHENPROBE

Glatt rechts mit Nadeln Nr. 2,5: 30 Maschen und 42 Reihen/Runden = 10 x 10 cm

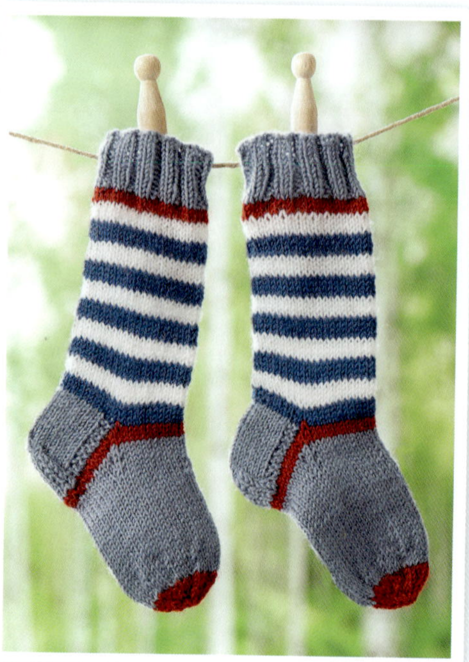

SO GEHT'S

40 Maschen in Graublau anschlagen, gleichmäßig auf 4 Nadeln verteilen (= 10 Maschen pro Nadel) und zur Runde schließen. Für das Bündchen 3 cm im 2/2-Rippenmuster stricken. Ab jetzt glatt rechts stricken: 3 Runden in Burgund, anschließend je 4 Runden Weiß und Blau im Wechsel. Nach 43 Runden ab Bündchen oder 14 cm ab Anschlag zu Graublau wechseln und mit der Ferse beginnen. Die Ferse wird als einfache Käppchenferse über die Hälfte der Maschen gearbeitet (siehe Grundanleitung, Seite 56). Sind nur noch die Maschen des mittleren Drittels übrig, 3 Runden in Burgund stricken, dabei aus den Seitenrändern des Fersenkäppchens die erforderlichen Maschen auffassen und mit den Zwickelabnahmen beginnen. Den Fuß glatt rechts in Graublau arbeiten.

Nach 9,5 cm Fußlänge mit den Abnahmen für die **Sternspitze** beginnen: Für die 1. Abnahme jede 4. und 5. Masche rechts zusammenstricken. Für die 2. Abnahme 3 Runden stricken und in der nächsten Runde jede 3. und 4. Masche zusammenstricken. 2 Runden ohne Abnahmen stricken. Zu Burgund wechseln und jede 2. und 3. Masche rechts zusammenstricken. 1 Runde stricken und in der nächsten Runde fortlaufend 2 Maschen zusammenstricken. Die restlichen Maschen mit dem Arbeitsfaden fest zusammenziehen.

Den zweiten Kniestrumpf ebenso arbeiten.

Hinweis: Alternativ kann auch die Bandspitze gearbeitet werden (siehe Seite 57).

Tipp: Kniestrümpfe für kleine Kinder brauchen in der Regel noch keine Wadenbreite. Hier können Bündchen und Schaft mit der angegebenen Maschenzahl einfach länger gearbeitet werden.

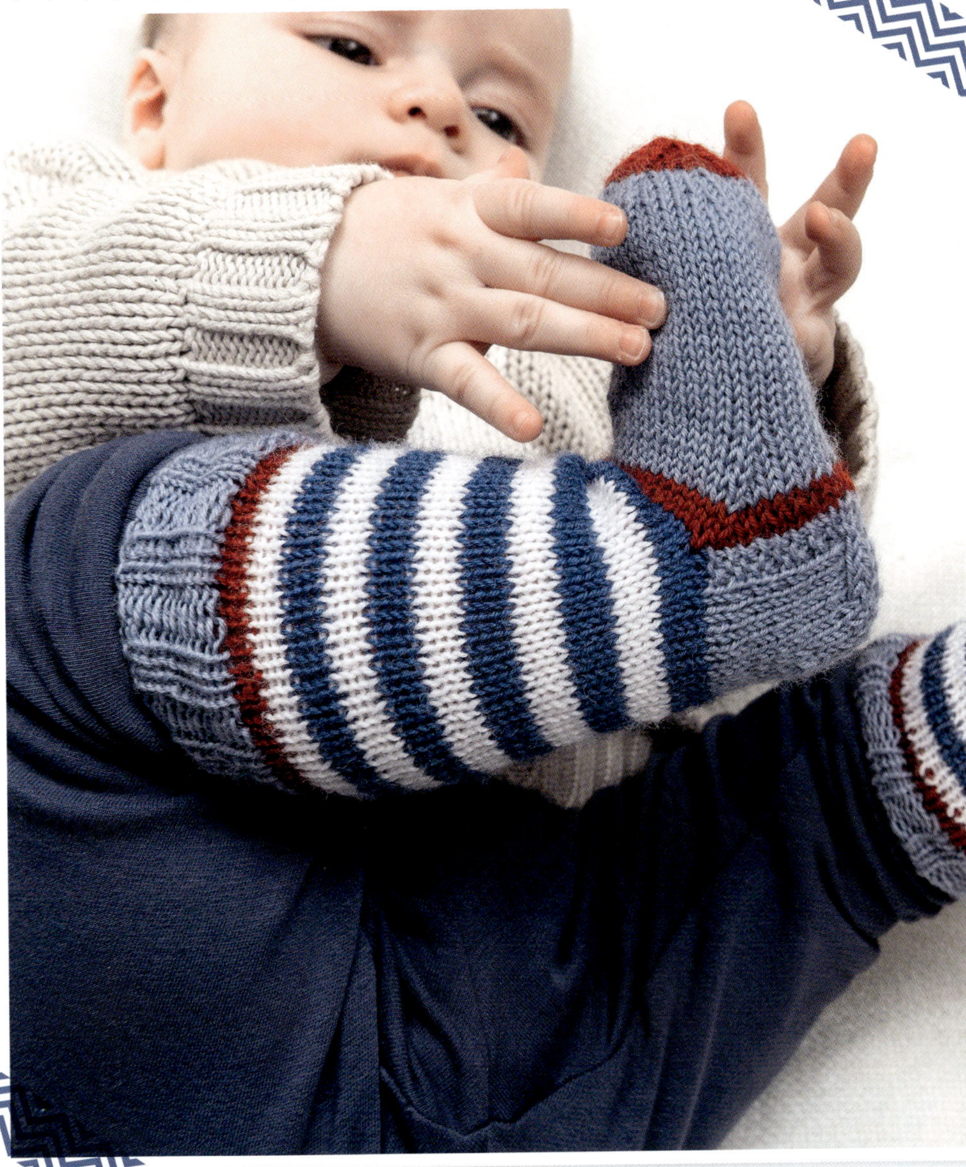

Frechdachs

Teufelsmützchen: 8–12 Monate
Kragen: 8–12 Monate

MATERIAL

- Buttinette „Woll Butt Primo Madeleine 150“ (100 % Schurwolle, Lauflänge ca. 150 m/50 g): **für die Mütze** je 50 g Royal und Hellblau, **für den Kragen** je 50 g Royal und Hellblau
- Rundstricknadel Nr. 3,25, 60 cm lang
- Nadelspiel Nr. 3,5 und 3
- Sicherheitsnadeln
- Maschenmarkierer

Kraus rechts: In Hin- und Rückreihen stets rechte Maschen stricken.

Mustereinteilung Rollkragen (nach dem Bündchen): Randmaschen, 8 Maschen 2/2-Rippenmuster, 38 Maschen Perlmuster, 8 Maschen 2/2-Rippenmuster, Randmaschen.

Randmaschen: Knötchenrand für Teufelsmützchen: Die 1. und letzte Masche jeder Reihe rechts stricken. Kordelrand **für Kragen:** Die 1. und 2. Masche jeder Reihe rechts stricken, die letzten beiden Maschen jeder Reihe wie zum Linksstricken abheben (Faden vor der Arbeit).

2/2-Rippenmuster in Runden: 2 Maschen rechts, 2 Maschen links im Wechsel stricken.

2/2-Rippenmuster in Reihen: **1. Reihe:** 2 Maschen rechts, 2 Maschen links im Wechsel stricken. **2. Reihe:** In den Rückreihen die Maschen stricken, wie sie erscheinen.

Perlmuster: 1 Masche rechts, 1 Masche links im Wechsel stricken. Nach jeder Reihe die Maschen versetzen.

Glatt rechts: In Runden stets rechte Maschen stricken.

MASCHENPROBE

Im kleinen Perlmuster mit Nadeln Nr. 3,25: 24 Maschen und 36 Reihen = 10 x 10 cm

SO GEHT'S

TEUFELSMÜTZCHEN

Die Mütze quer stricken, die Form entsteht durch Zu- und Abnahmen.

38 Maschen in Hellblau anschlagen und 1 Rückreihe rechte Maschen stricken. Die Randmaschen als Knötchenrand stricken. * Kraus rechts weiterstricken, dabei für die Schrägung in jeder 2. Reihe (Hinreihe) am rechten Rand nach der 2. Masche 1 Masche rechts verschränkt aus dem Querfaden herausstricken und am linken Rand die dritt- und zweitletzte Masche rechts zusammenstricken. Nach 6,5 cm einen Maschenmarkierer setzen und gegengleich weiterarbeiten. Dafür am rechten Rand nach der Randmasche 2 Maschen rechts überzogen zusammenstricken und am linken Rand vor der zweitletzten Masche 1 Masche rechts verschränkt aus dem Querfaden herausstricken. (Statt am linken Rand 1 Masche aus dem Querfaden herauszustricken, kann auch 1 Umschlag auf die Nadel genommen werden, diesen dann in der Rückreihe verschränkt abstricken, damit kein Loch entsteht.) Nach 6,5 cm die Farbe wechseln, es folgt der Mittelteil. Es wird wie beschrieben weitergearbeitet, jedoch erfolgen die Zunahmen am rechten Rand nur in jeder 4. Reihe, die Abnahmen am linken Rand weiterhin in jeder 2. Reihe. Nach 4,5 cm die Richtung wieder wechseln, am rechten Rand abnehmen (auch in jeder 4. Reihe) und am linken Rand zunehmen. *

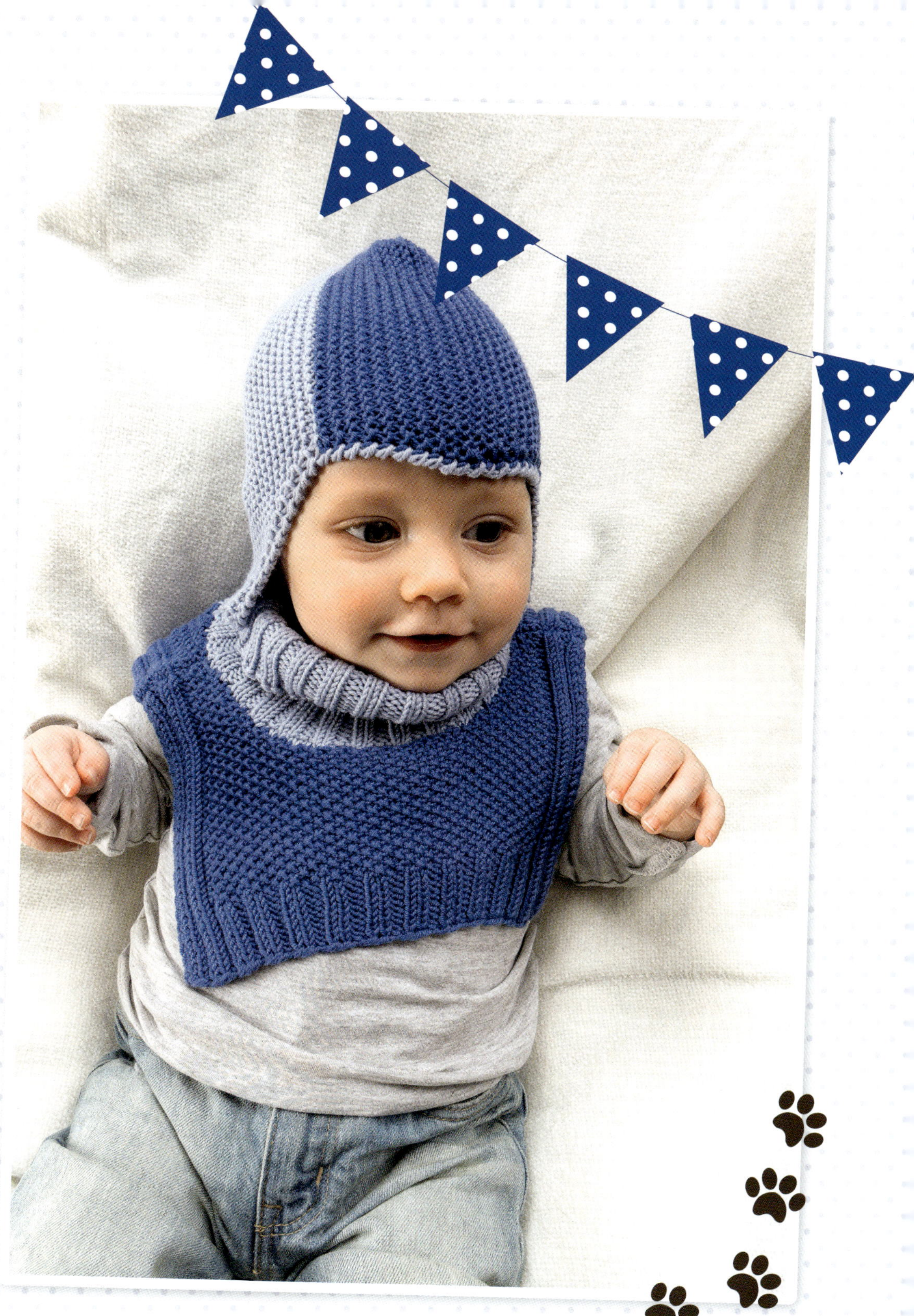

Wieder zu Hellblau wechseln und noch einmal wie von * bis * beschrieben arbeiten. Alle Maschen abketten. Die Arbeit misst nun ca. 35 cm in der Höhe (in Strickrichtung gibt die Mütze in der Weite nach).

Fertigstellung: Die oberen sich gegenüberliegenden Kanten zusammennähen und die Mittelnaht schließen. Abschließend die Mütze mit Krebsmaschen umhäkeln.

KRAGEN

Erstes Kragenteil: 58 Maschen in Royal mit der Rundstricknadel anschlagen. Die Randmaschen durchgehend als Kordelrand stricken. Zunächst 3 cm im 2/2-Rippenmuster stricken Anschließend weitere 6 cm in der oben angegebenen Mustereinteilung weiterarbeiten. Dann die mittleren 16 Maschen abketten oder stilllegen (Hilfsnadel) und beide Seiten getrennt beenden. Dabei für die Halsrundung in jeder 2. Reihe 2x 2 Maschen und in jeder 4. Reihe 2x 1 Masche abnehmen. In einer Gesamthöhe von 15 cm die restlichen 14 Schultermaschen abketten oder ebenfalls stilllegen. Die gegenüberliegende Seite genauso beenden.

Zweites Kragenteil: Genauso stricken.

Fertigstellung: Die beiden Kanten an den Schultern zusammennähen, im Maschenstich schließen oder zusammenstricken. Für den Rollkragen in Hellblau aus beiden Halsausschnittkanten je 46 Maschen auffassen und zunächst 2 Runden rechte Maschen stricken, danach 10 cm im Bundmuster stricken. Die Maschen ganz locker abketten.

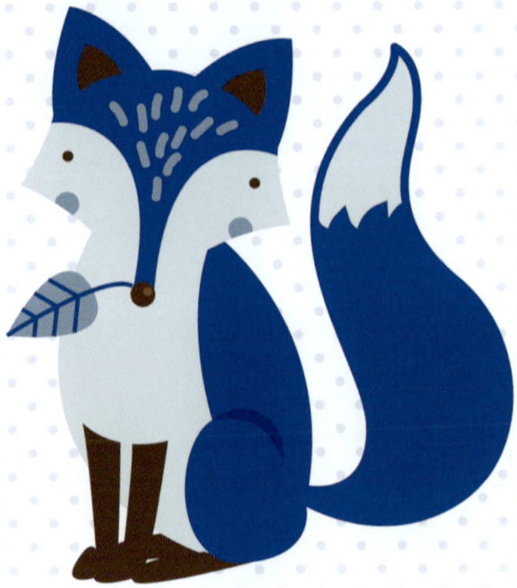

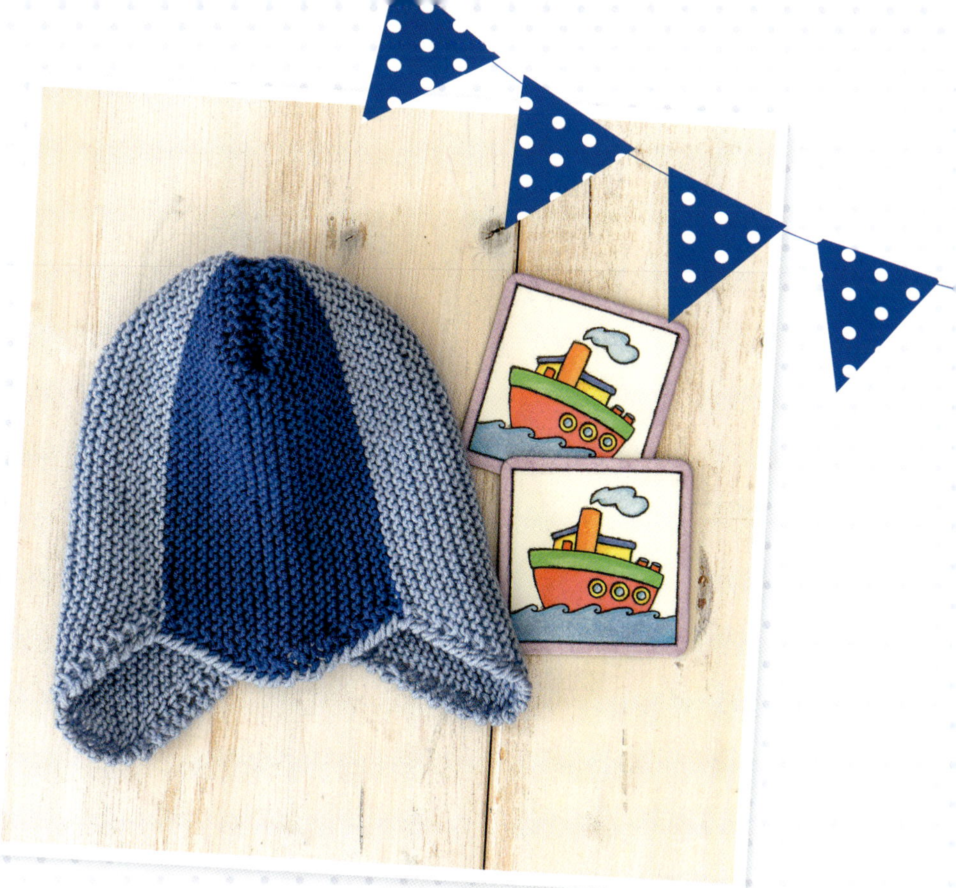

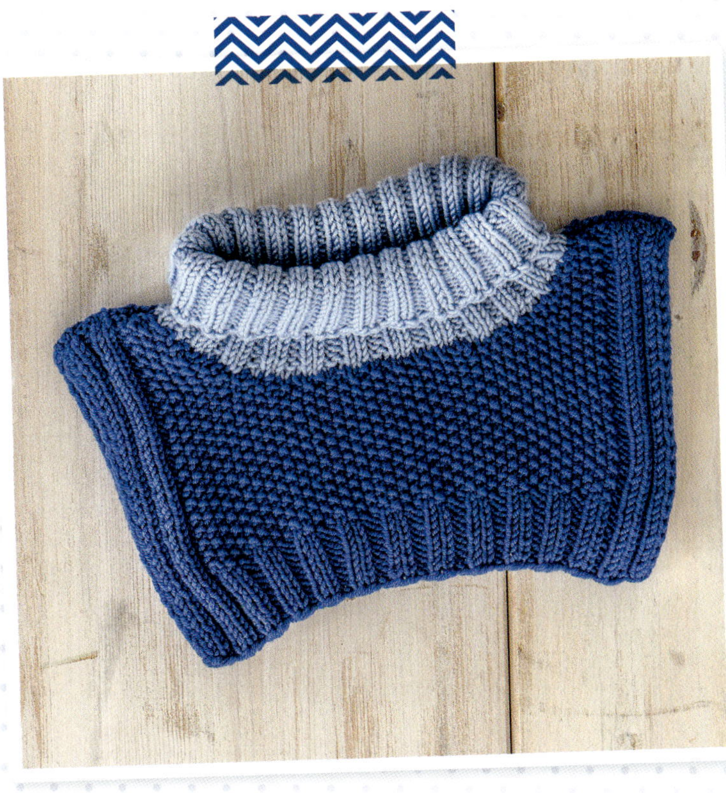

Für Mini-Ballerinas

Söckchen mit Spitzenrand: 3–6 Monate, ca. 10 cm Fußlänge

MATERIAL

- Schachenmayr „Regia Premium Silk" (55 % Wolle, 25 % Polyamid, 20 % Seide, Lauflänge 400 m/100 g): je 100 g Apricot und Leinen
- Nadelspiel Nr. 2,5, 10 cm lang, und 4 Hilfsnadeln

Spitzenmuster: Nach der Strickschrift stricken. Es ist jede Runde gezeichnet. Den Mustersatz (MS) von 4 Maschen stets wiederholen. Die 1. und 2. Runde insgesamt 6x arbeiten.

2/2-Rippenmuster: 2 Maschen rechts, 2 Maschen links im Wechsel stricken.

Glatt rechts: In Hinreihen rechte Maschen, in Rückreihen linke Maschen stricken; in Runden stets rechte Maschen stricken.

MASCHENPROBE

Glatt rechts mit Nadeln Nr. 2,5: 30 Maschen und 42 Reihen/Runden = 10 x 10 cm

SO GEHT'S

32 Maschen in Leinen anschlagen, gleichmäßig auf 4 Nadeln verteilen (= 8 Maschen pro Nadel) und zur Runde schließen. Im Spitzenmuster nach der Strickschrift stricken, die 1. und. 2. Runde 6x arbeiten. Faden abschneiden und die Maschen auf 4 Hilfsnadeln legen. In Apricot ebenfalls 32 Maschen anschlagen, gleichmäßig auf 4 Nadeln verteilen (= 8 Maschen pro Nadel) und zur Runde schließen. Für den Rollrand 8 Runden glatt rechts stricken. Nun den Rollrand über den Spitzenmusterrand auf den Hilfsnadeln legen und die Maschen der beiden Ränder zusammen abstricken, dazu jeweils 1 Masche der vorderen Nadel und 1 Masche der hinteren Nadel zusammenstricken.

Nun 14 Runden im 2/2-Rippenmuster stricken, anschließend mit der Ferse beginnen. Die Ferse wird als einfache Käppchenferse über die Hälfte der Maschen gearbeitet (siehe Grundanleitung, Seite 56). Sie können auch jede andere Fersenform stricken.
Dann den Fuß glatt rechts arbeiten. Nach 8 cm Fußlänge mit den Abnahmen für die Bandspitze beginnen (siehe Grundanleitung, Seite 57). Nach der 1. Abnahme noch 2x in jeder 2. Runde, dann in jeder Runde wie beschrieben abnehmen. Die restlichen Maschen mit dem Arbeitsfaden fest zusammenziehen.
Das zweite Söckchen ebenso arbeiten.

Tipp: Achten Sie bitte bei allen Söckchen, Schühchen und Stulpen oder Fäustlingen auf einen lockeren Maschenanschlag, damit die Bündchen gut dehnbar sind.

STRICKSCHRIFT

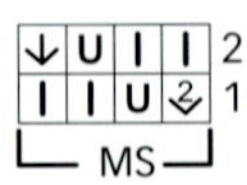

Zeichenerklärung

U = 1 Umschlag

I = 1 Masche rechts

= 2 Maschen rechts zusammenstricken

↓ = 2 Maschen rechts überzogen zusammenstricken: 1 Masche wie zum Rechtsstricken abheben, 1 Masche rechts stricken, dann die abgehobene Masche überziehen

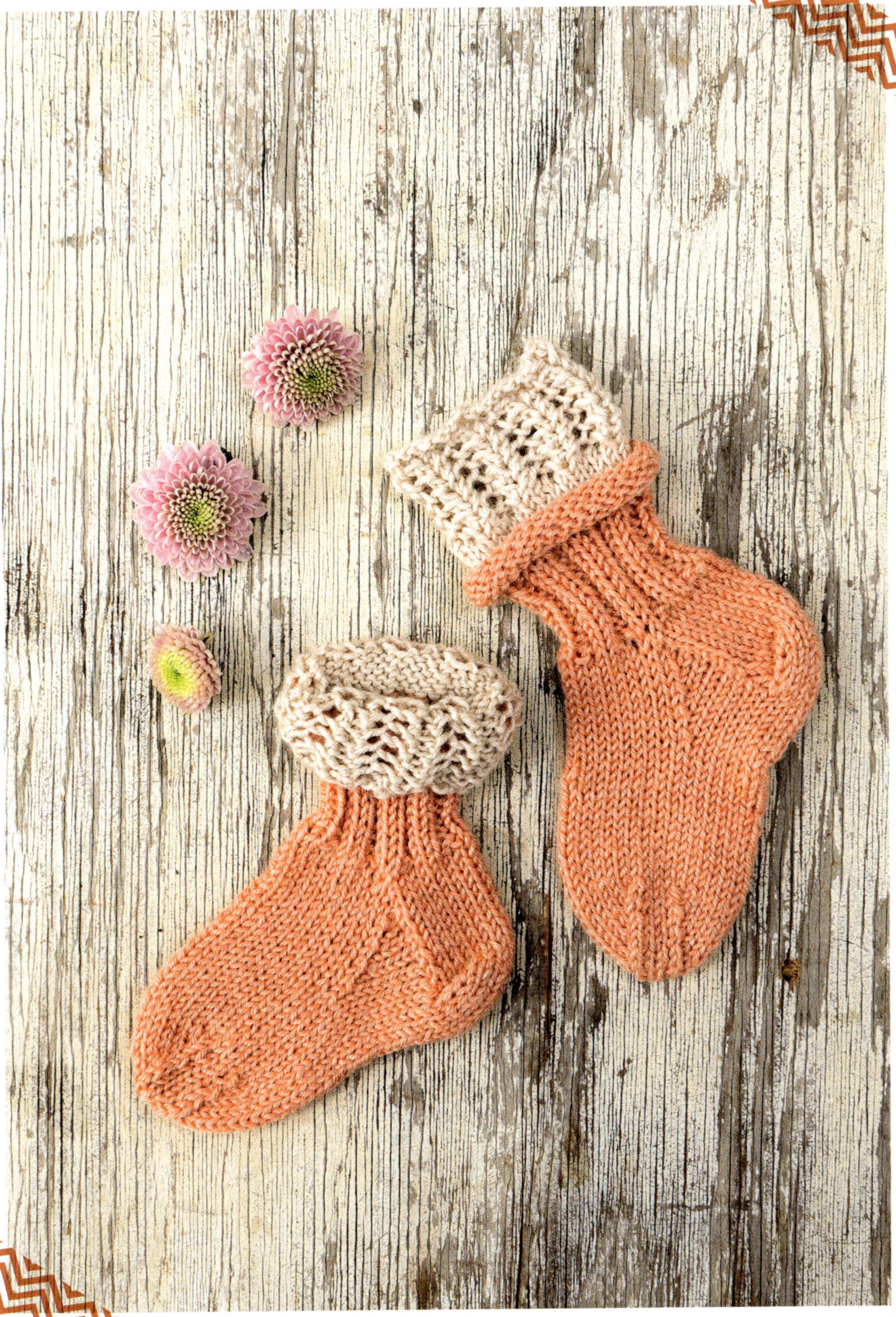

Schmusebärchen

Mütze: bis 44 cm Kopfumfang
Schal: 82 cm lang, ca. 10 cm breit
Handstulpen mit Daumen: ca. 11–12 cm Handumfang

MATERIAL

- Lang Yarns „Oslo“ (46 % Wolle, Merino extrafine, 42 % Baumwolle, 12 % Kamelhaar, Lauflänge 150 m/50 g): **für die Mütze** je 50 g Wein und Gold, **für den Schal je 50 g Wein und Gold, für die Handstulpen** je 50 g Wein und Gold; **für alle Teile zusammen** reichen 100 g Wein und 50 g Gold
- Nadelspiel Nr. 3,25 und Rundstricknadel Nr. 3,25 (für Mütze und Schal)
- Nadelspiel Nr. 3 (für die Handstulpen)

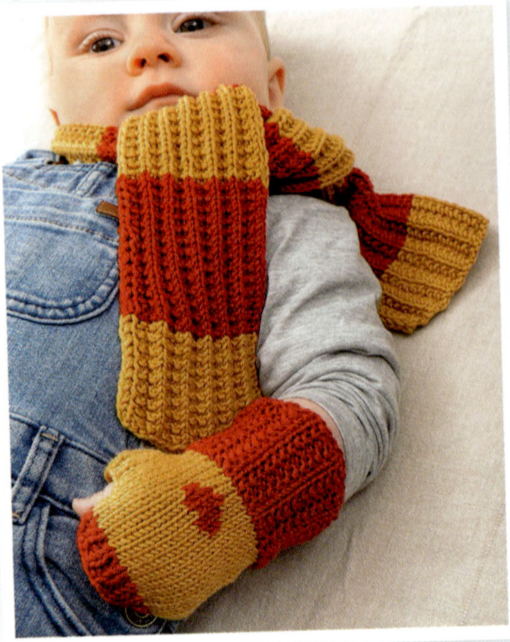

Glatt rechts: In Runden stets rechte Maschen stricken.

Lochrunde Mütze: * 2 Maschen rechts zusammenstricken, 1 Umschlag, ab * wiederholen bis Rundenende.

Einstrickmuster „Herz“ (Mütze): Nach dem Zählmuster glatt rechts stricken. Den Mustersatz (MS) von 6 Maschen pro Runde 18x stricken. Die 1.–5. Runde 1x arbeiten.

1/1-Rippenmuster: 1 Masche rechts, 1 Masche links im Wechsel stricken.

Randmaschen Schal (Kordelrand): Die 1. und 2. Masche jeder Reihe rechts stricken, die letzten beiden Maschen jeder Reihe wie zum Linksstricken abheben (Faden vor der Arbeit).

Falsches Patent in Reihen (Schal): Maschenzahl teilbar durch 4 + 1 + 4 Randmaschen.

1. Reihe (Hinreihe): Randmaschen, * 2 Maschen rechts, 1 Masche links, 1 Masche rechts, ab * stets wiederholen, 1 Masche rechts, Randmasche. **2. Reihe (Rückreihe):** Randmasche, * 1 Masche links, 3 Maschen rechts, ab * stets wiederholen, 1 Masche links, Randmaschen. Die 1. und 2. Reihe stets wiederholen.

Falsches Patent in Runden (Handstulpen):

1. Runde: * 2 Maschen rechts, 1 Masche links, 1 Masche rechts, ab * stets wiederholen. **2. Runde:** * 1 Masche rechts, 3 Maschen links, ab * stets wiederholen. Die 1. und 2. Runde stets wiederholen.

MASCHENPROBE

Glatt rechts mit Nadeln Nr. 3,25: 26 Maschen und 34 Reihen/Runden = 10 x 10 cm

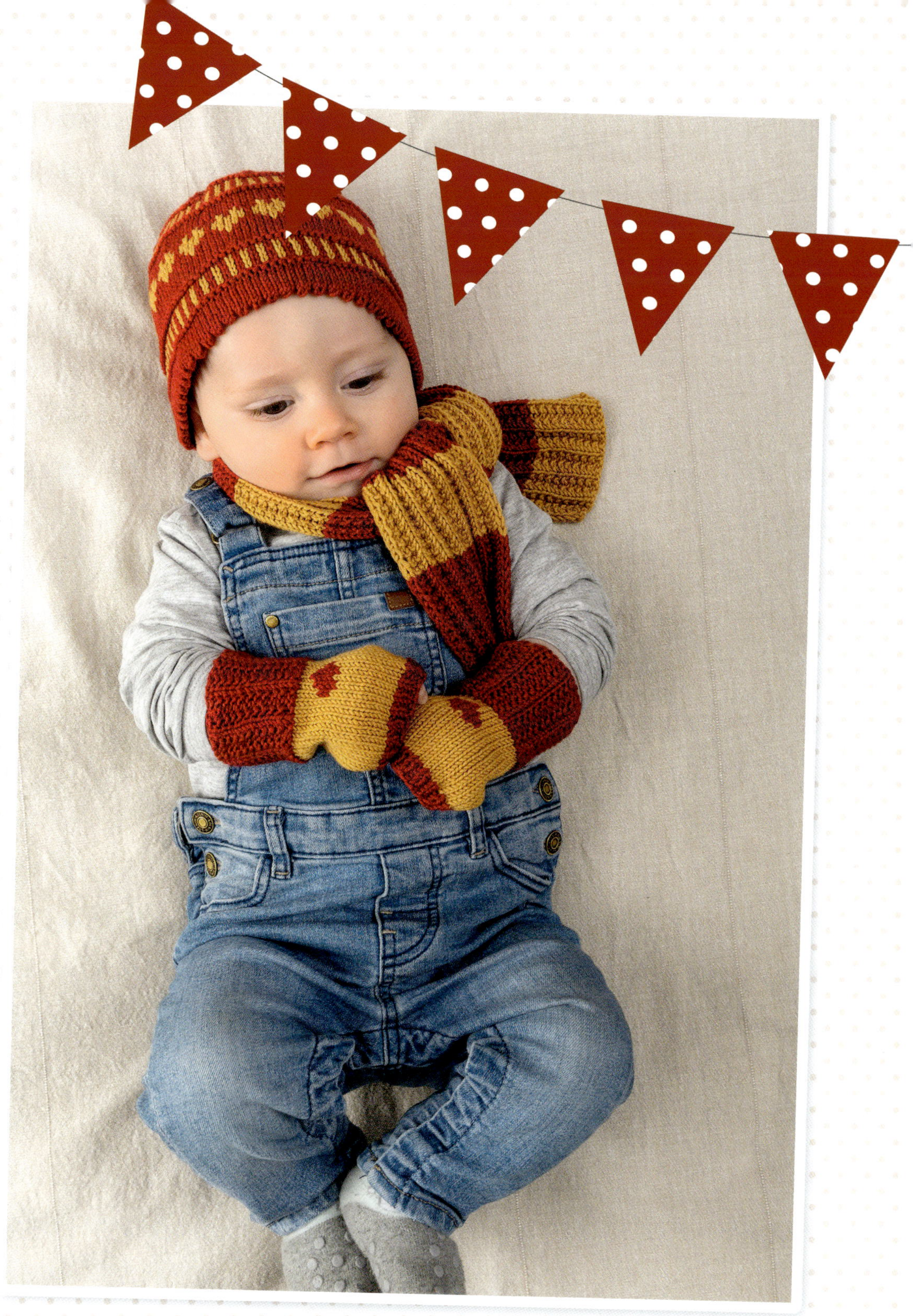

SO GEHT'S

MÜTZE

108 Maschen in Wein mit Rundstricknadel Nr. 3,25 anschlagen und zur Runde schließen. Für den Mäusezähnchenrand 5 Runden glatt rechts, 1 Lochrunde wie angegeben arbeiten, dann wieder 5 Runden glatt rechts stricken. Nun die Maschen auf der Nadel mit der Anschlagkante zusammenstricken. Es folgen 1 Runde linke Maschen und 1 Runde rechte Maschen arbeiten.

Für die Streifen über 4 Runden 1 Masche in Wein und 1 Masche in Gold im Wechsel stricken. Nun 1 Runde linke Maschen und 5 Runden glatt rechts stricken. Anschließend das Einstrickmuster „Herz" in Gold nach dem Zählmuster einstricken, die 1.–5. Runde 1x arbeiten. Achten Sie darauf, die Spannfäden nicht zu fest zu ziehen. Dann noch einmal 5 Runden glatt rechts stricken. 1 Runde linke Maschen, danach wieder für die Streifen über 4 Runden 1 Masche in Wein und 1 Masche in Gold im Wechsel arbeiten. Noch 1 Runde linke Maschen. Weiter glatt rechts stricken, dabei für die Abnahmen in der 1. Runde jede 10. und 11. Masche rechts zusammenstricken. Es folgt 1 Runde ohne Abnahmen. In der nächsten Runde jede 9. und 10. Masche rechts zusammenstricken. 1 Runde ohne Abnahmen arbeiten. Wenn die Maschen für die Rundstricknadel zu wenig werden, zum Nadelspiel wechseln. Nach diesem Prinzip weiterarbeiten (Abnahmen in jeder 2. Runde), bis noch insgesamt 8 Maschen auf den Nadeln sind. Die restlichen Maschen mit dem Arbeitsfaden fest zusammenziehen.

SCHAL

29 Maschen in Gold anschlagen und im falschen Patent wie folgt stricken: * 18 Reihen in Gold und 26 Reihen in Wein, ab * 5x arbeiten, enden mit 18 Reihen in Gold. Dann alle Maschen abketten.

HANDSTULPEN MIT DAUMEN

Rechte Stulpe: 32 Maschen in Wein anschlagen, gleichmäßig auf 4 Nadeln verteilen (= 8 Maschen pro Nadel) und zur Runde schließen. Die Maschen der Handfläche sind auf der 1. und 2. Nadel, die Maschen des Handrückens auf der 3. und 4. Nadel. Für das Bündchen 5,5 cm im falschen Patent in Runden stricken.

Zu Gold wechseln und 2 Runden rechte Maschen stricken. In der 3. Runde mit den Zunahmen für den Daumenkeil beginnen. Dazu auf der 1. Nadel 1 Masche rechts stricken, dann 1 Masche rechts verschränkt aus dem Querfaden herausstricken (diese Masche markieren = Mittelmasche Daumenkeil) und die Runde beenden. Weiter in jeder 2. Runde 4x vor und nach der Mittelmasche jeweils 1 Masche rechts verschränkt aus dem Querfaden herausstricken (= 9 Maschen Daumenkeil). Nach der letzten Zunahme noch 1 Runde rechte Maschen stricken. Dann weitere 2 Runden stricken, hierbei über die Daumenkeilmaschen 1 Masche links, 1 Masche rechts stricken. In der nächsten Runde die Daumenkeilmaschen abketten und die Runde beenden.

Für den Daumensteg in der folgenden Runde über dem Daumenkeil 3 Maschen dazu anschlagen, die Runde beenden = 35 Maschen. 1 weitere Runde rechte Masche stricken, auch über die Maschen des Daumenstegs. Weitere 2 Runden glatt rechts stricken, dabei in der 1. Runde die ersten 2 Stegmaschen mit der Masche davor wie folgt zusammenstricken: 1 Masche wie zum Linksstricken abheben, die beiden Stegmaschen rechts zusammenstricken, dann die abgehobene Masche überziehen = 33 Maschen. In der nächsten Runde an der gleichen Stelle 2 Maschen rechts zusammenstricken = 32 Maschen. Weitere 2 Runden glatt rechts stricken, zu Wein wechseln und 3 Runden im 1/1-Rippenmuster stricken. Alle Maschen abketten. Auf dem Handrücken der Stulpe mittig (in etwa 4 Runden Höhe ab Bündchen) ein Herz gemäß Zählmuster in Wein im Maschenstich aufsticken.

Linke Stulpe: Gegengleich zur rechten Stulpe arbeiten (Handfläche: 3. und 4. Nadel, Handrücken: 1. und 2. Nadel). Die Zunahmen für den Daumenkeil auf der 4. Nadel arbeiten: Die 1. Zunahme erfolgt zwischen der vorletzten und letzten Masche der Nadel (= Mittelmasche Daumenkeil).

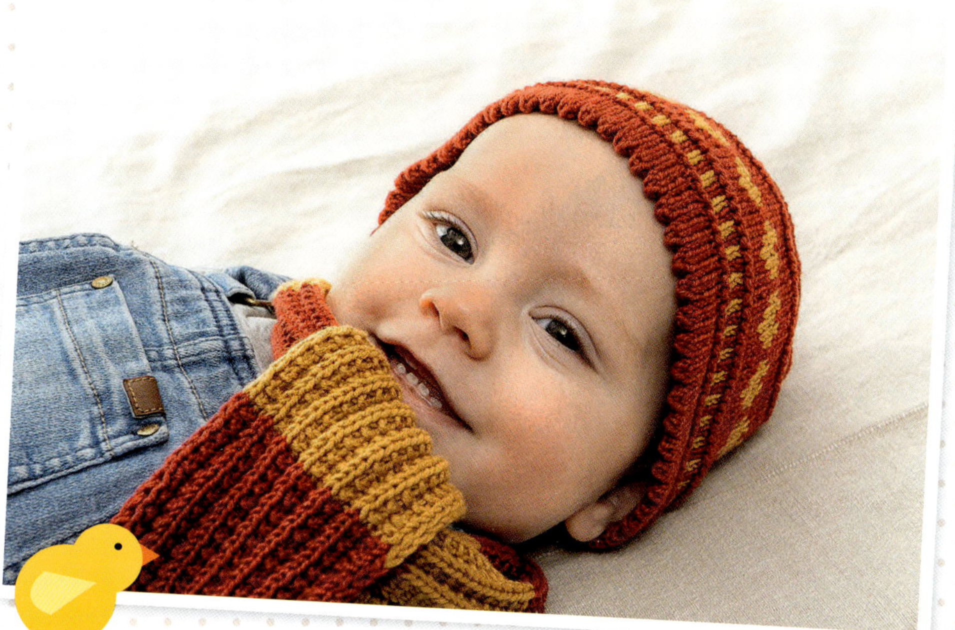

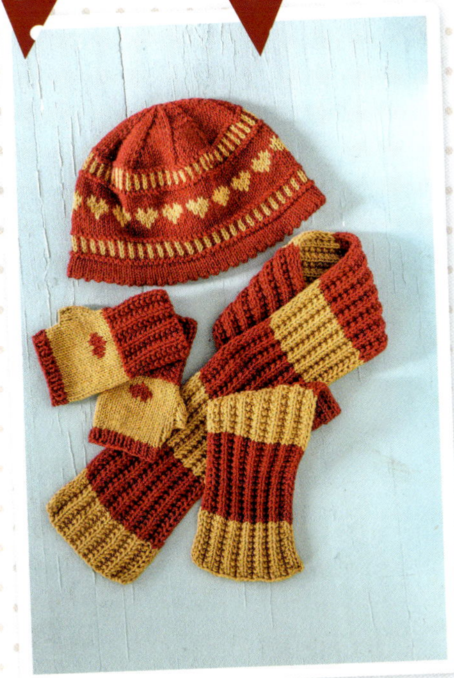

ZÄHLMUSTER

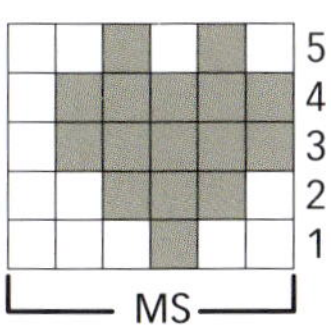

Zeichenerklärung

- ☐ = 1 Masche in Wein
- ■ = 1 Masche in Gold

Kleiner Matrose

Mütze mit Ohrenklappen: 39–40 cm Kopfumfang
Schühchen: ca. 7–8 cm Fußlänge

MATERIAL

- Buttinette „Woll Butt Primo Madeleine 150" (100 % Schurwolle, Lauflänge ca. 150 m/50 g): **für die Mütze** je 50 g Wollweiß und Marine, **für die Schühchen** je 50 g Wollweiß und Marine; **für beide Teile zusammen** reichen je 50 g Wollweiß und Marine
- Rundstricknadel Nr. 3, 40 cm lang
- Nadelspiel Nr. 3
- Hilfsnadel
- Häkelnadel Nr. 3

Kraus rechts: In Hin- und Rückreihen stets rechte Maschen stricken.
2/2-Rippenmuster: 2 Maschen rechts, 2 Maschen links im Wechsel stricken.
Glatt rechts: In Hinreihen rechte Maschen, in Rückreihen linke Maschen stricken; in Runden stets rechte Maschen stricken.
Streifenfolge: * 2 Runden Marine, 4 Runden Wollweiß, ab * 4x arbeiten (= 24 Runden).

MASCHENPROBE

Glatt rechts mit Nadeln Nr. 3: 23 Maschen und 30 Reihen = 10 x 10 cm

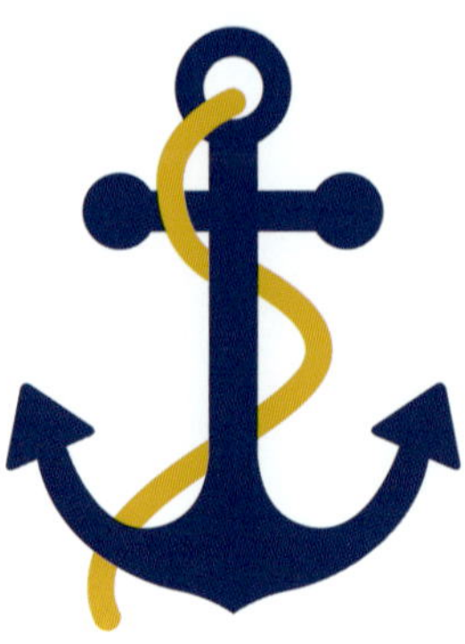

SO GEHT'S

MÜTZE

An der Ohrenklappe beginnen. Für die erste Ohrenklappe mit zwei Spielnadeln 3 Maschen in Marine anschlagen und 1 Rückreihe rechte Maschen stricken. In der nächsten Hinreihe nach und vor der Randmasche jeweils 1 Masche rechts verschränkt aus dem Querfaden herausstricken. Diese Zunahmen in jeder 2. Reihe wiederholen, bis 19 Maschen auf der Nadel sind. Den Faden abschneiden

Die zweite Ohrenklappe ebenso stricken, den Faden jedoch nicht abschneiden, sondern mit einer Rundstricknadel 30 Maschen durch Aufstricken dazu anschlagen. Dann die Maschen der ersten Ohrenklappe stricken und noch einmal 20 Maschen durch Aufstricken dazu anschlagen, hierbei nach 10 Maschen einen Maschenmarkierer setzen (= hintere Mitte). Es befinden sich nun 88 Maschen auf der Nadel. Die Arbeit zur Runde schließen und 6 Runden im 2/2-Rippenmuster stricken. Dann glatt rechts in der Streifenfolge arbeiten. Nach 24 Runden in der Streifenfolge in Marine weiterarbeiten. 2 Runden stricken, dann mit den Abnahmen beginnen. Hierzu in der 1. Abnahmerunde jede 10. und 11. Masche rechts zusammenstricken. Es folgt 1 Runde ohne Abnahmen. In der nächsten Runde jede 9. und 10. Masche rechts zusammenstricken. 1 Runde ohne Abnahmen arbeiten. Wenn die Maschen für die Rundstricknadel zu wenig werden, zum Nadelspiel wechseln. Nach diesem Prinzip weiterarbeiten (Abnahmen in jeder 2. Runde), bis noch 8 Maschen auf dem Nadelspiel sind. Die restlichen Maschen mit dem Arbeitsfaden fest zusammenziehen, das Fadenende gut vernähen.

Die Ohrenklappen mit festen Maschen in Marine umhäkeln.

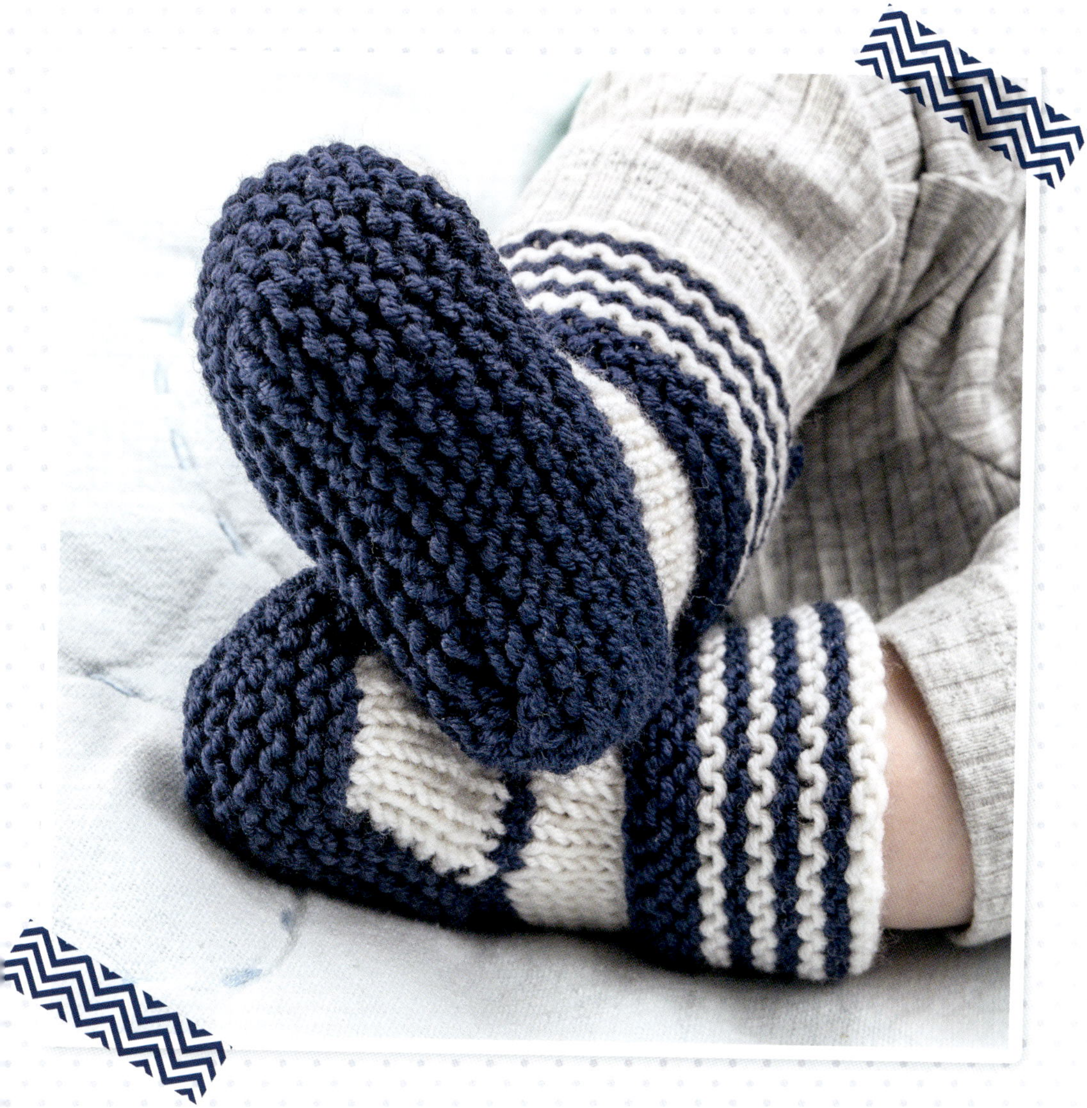

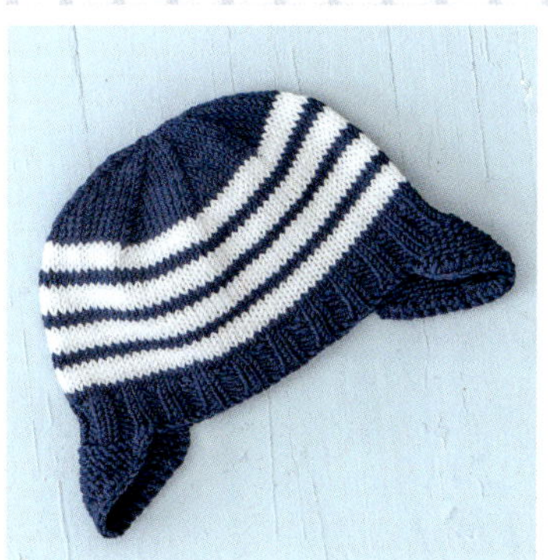

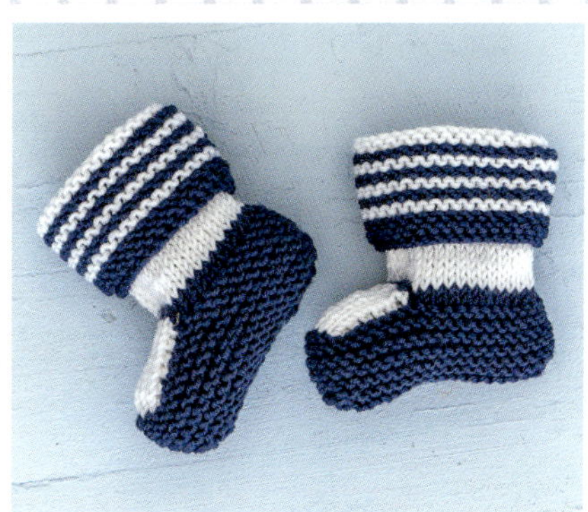

SCHÜHCHEN

32 Maschen mit zwei Spielnadeln in Marine anschlagen und für den Umschlag in folgender Farbfolge kraus rechts stricken: 4 Reihen in Marine, dann * 2 Reihen in Wollweiß, 2 Reihen in Marine im Wechsel, ab * noch 2x wiederholen. Anschließend 1 Hinreihe rechte Maschen in Wollweiß stricken.

Nun den Schaft ab der folgenden Rückreihe glatt rechts über 19 Reihen in Wollweiß arbeiten. Dann 2 Reihen glatt rechts in Marine stricken.

In der nächsten Hinreihe 12 Maschen rechts in Marine stricken, dann für das Fußblatt über 8 Maschen mit einer Hilfsnadel 12 Reihen glatt rechts in Wollweiß arbeiten. Für die Sohle kraus rechts in Marine weiterstricken und dafür aus dem Seitenteil des Fußblatts 6 Maschen auffassen, 8 Maschen von der Hilfsnadel stricken, wieder 6 Maschen aus dem Seitenteil auffassen und die restlichen 12 Maschen in Marine stricken. Es sind jetzt 44 Maschen auf der Nadel. Für die Fußhöhe 10 Reihen kraus rechts stricken.

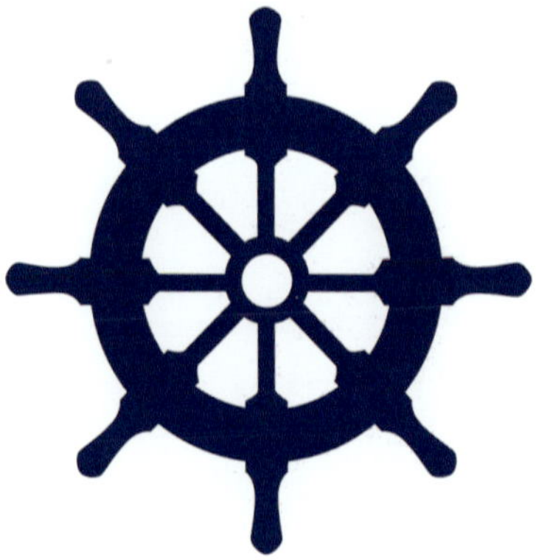

Nun für die Sohle wie folgt weiterarbeiten:

Nächste Hinreihe: 19 Maschen rechts, 2 Maschen rechts zusammenstricken, 2 Maschen rechts, 2 Maschen rechts zusammenstricken, 19 Maschen rechts = 42 Maschen.

Rückreihe: Alle Maschen rechts stricken.

Nächste Hinreihe: 17 Maschen rechts, 2 Maschen rechts zusammenstricken, 4 Maschen rechts, 2 Maschen rechts zusammenstricken, 17 Maschen rechts = 40 Maschen.

Rückreihe: Für die Ferse nach und vor der Randmasche 2 Maschen rechts zusammenstricken = 38 Maschen

Nächste Hinreihe: 14 Maschen rechts, 2 Maschen rechts zusammenstricken, 6 Maschen rechts, 2 Maschen rechts zusammenstricken, 14 Maschen rechts = 36 Maschen.

Rückreihe: Nach und vor der Randmasche für die Ferse fortlaufend 2 Maschen rechts zusammenstricken.

Die restlichen 17 Maschen abketten.

Die Sohlennaht und die rückwärtige Mitte schließen.

Den Umschlag nach außen umlegen.

Das zweite Schühchen ebenso arbeiten.

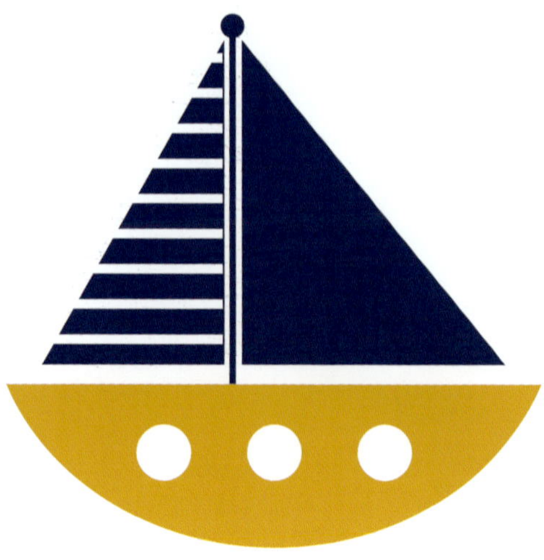

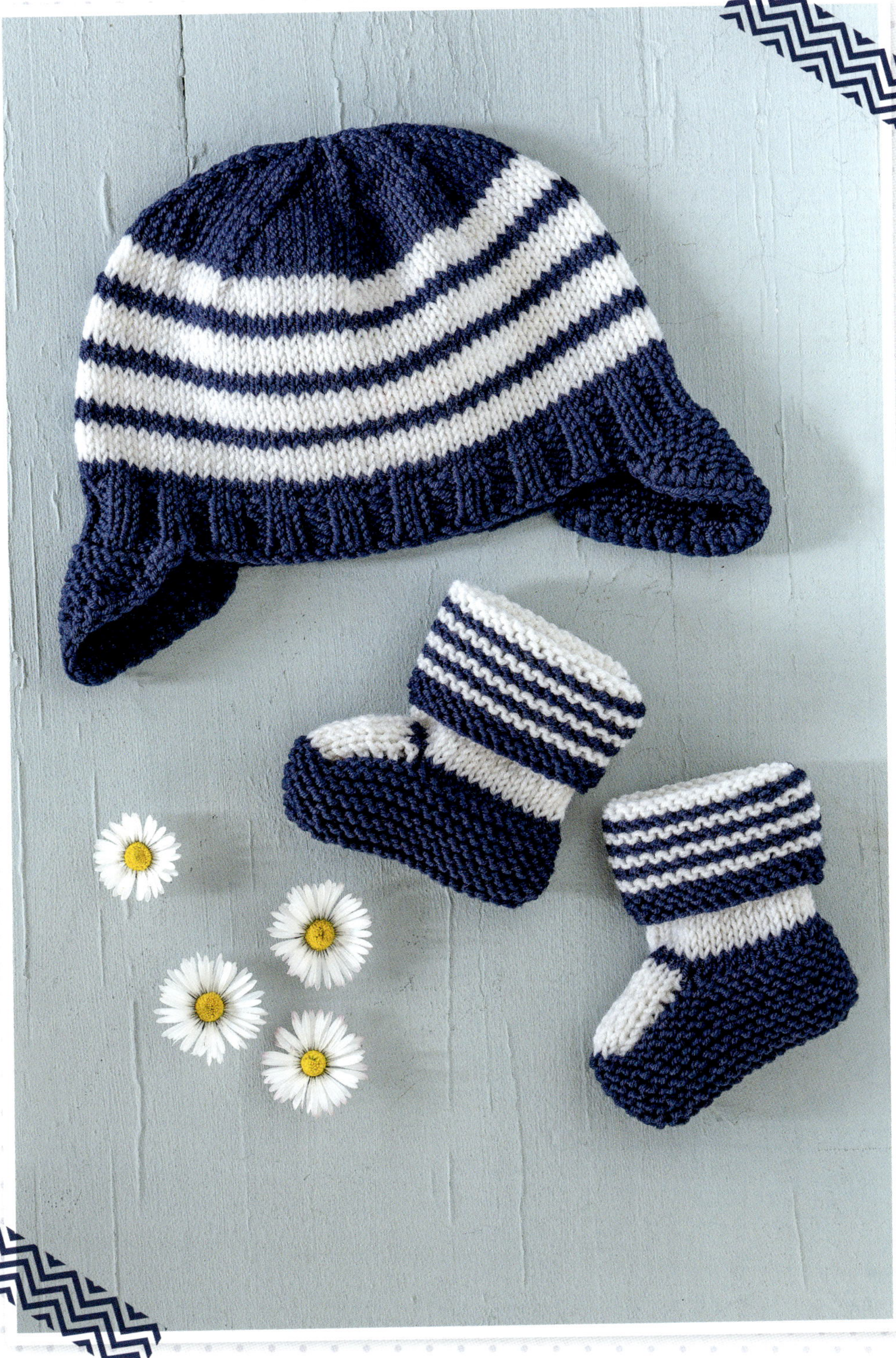

Rüschen zum Verlieben

Söckchen mit Rüschenrand: für alle Größen laut Tabelle auf Seite 58 möglich

MATERIAL

- Schachenmayr „Regia 4-fädig" (75 % Schurwolle, 25 % Polyamid, Lauflänge 210 m/50 g): je 50 g Hochrot und Weiß
- Nadelspiel Nr. 2,5, 10 cm oder 15 cm lang

Kleines Perlmuster in Runden: **1. Runde:** 1 Masche links, 1 Masche rechts im Wechsel stricken. **2. Runde:** 1 Masche rechts 1 Masche links im Wechsel stricken. Die 1. und 2. Runde stets wiederholen.

2/2-Rippenmuster: 2 Maschen rechts, 2 Maschen links im Wechsel stricken.

Glatt rechts: In Hinreihen rechte Maschen, in Rückreihen linke Maschen stricken; in Runden stets rechte Maschen stricken.

MASCHENPROBE

Glatt rechts mit Nadeln Nr. 2,5: 30 Maschen und 42 Reihen/Runden = 10 x 10 cm

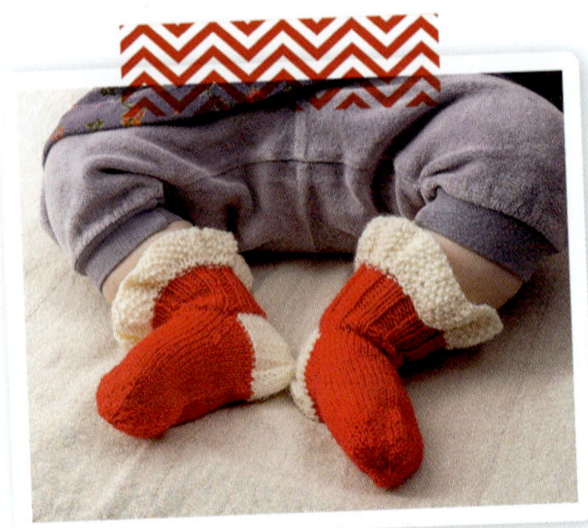

SO GEHT'S

Die Maschenzahl für den Anschlag für die gewünschte Größe aus der Tabelle heraussuchen. Die doppelte Menge der angegebenen Maschen in Weiß anschlagen, gleichmäßig auf 4 Nadeln verteilen und zur Runde schließen. Für den Rüschenrand 3 cm im kleinen Perlmuster stricken, dabei in der letzten Runde fortlaufend 2 Maschen zusammenstricken = benötigte Maschenzahl. Zu Hochrot wechseln und 4 cm im 2/2-Rippenmuster stricken. Danach noch 2 Runden glatt rechts stricken, anschließend mit der Ferse beginnen. Die Ferse wird in Weiß als einfache Käppchenferse über die Hälfte der Maschen gearbeitet (siehe Grundanleitung, Seite 56). Sie können auch jede andere Fersenform stricken. Nach Abschluss der Ferse den Fuß glatt rechts in Hochrot stricken. Nach Erreichen der Fußlänge bis Spitzenbeginn (siehe Tabelle, Seite 58) die Bandspitze in Hochrot gemäß Grundanleitung arbeiten (siehe Seite 57). Die restlichen Maschen mit dem Arbeitsfaden fest zusammenziehen.
Das zweite Söckchen ebenso arbeiten.

Tipp: Achten Sie bitte bei allen Söckchen, Schühchen und Stulpen oder Fäustlingen auf einen lockeren Maschenanschlag, damit die Bündchen gut dehnbar sind. Dazu können Sie den Anschlag auf 2 Nadeln vornehmen.

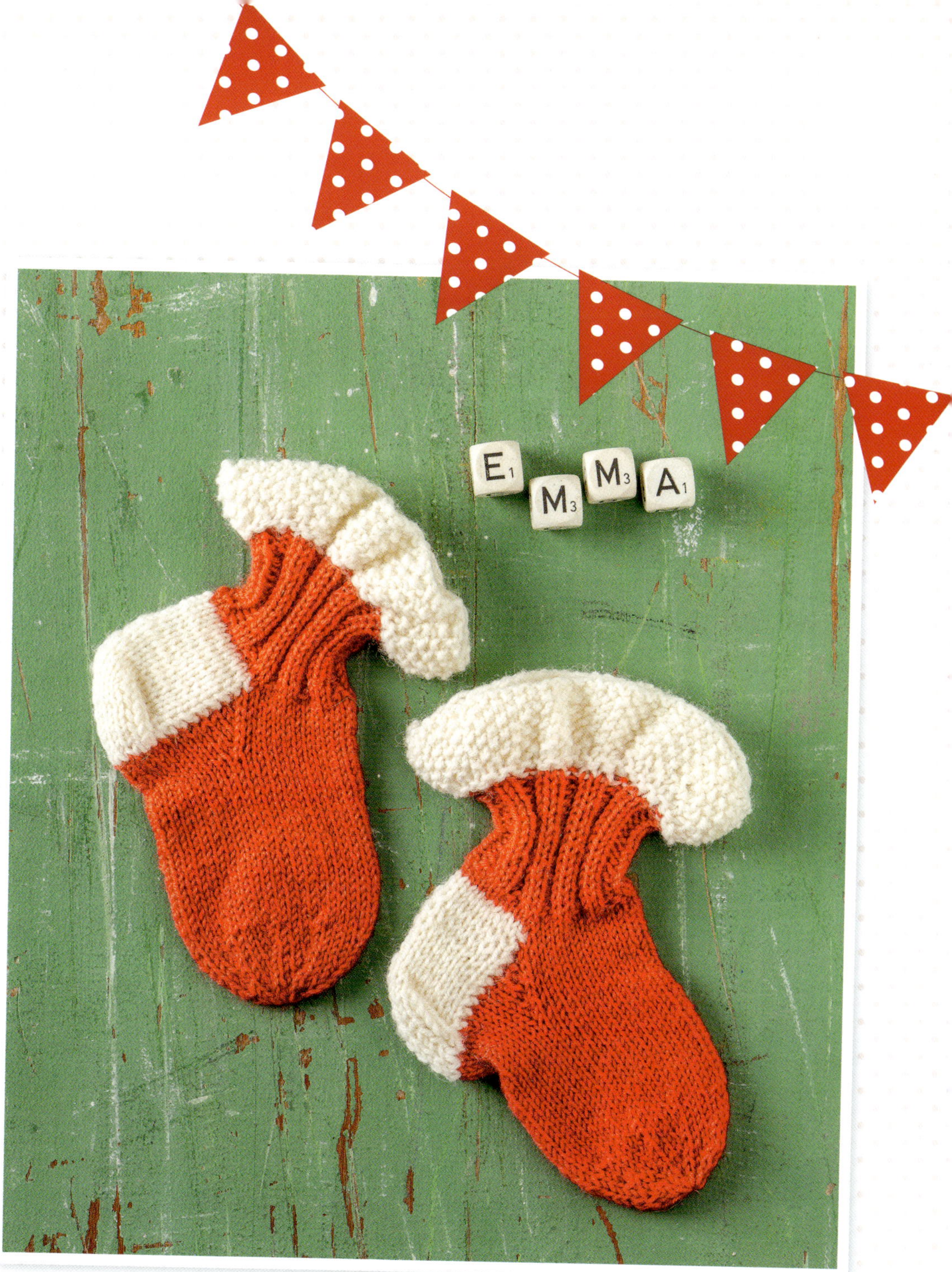
EMMA

Für süße Entdecker

Wendemütze: Kopfumfang bis 45 cm, Mützenhöhe ca. 17 cm
Fäustlinge: bis 12 Monate

MATERIAL

- Schachenmayr „Regia Premium Silk" (55 % Wolle, 25 % Polyamid, 20 % Seide, Lauflänge 400 m/100 g): **für die Wendemütze** je 100 g Salbei und Leinen, **für die Fäustlinge** je ein Rest Salbei und Leinen; **für beide Teile zusammen** reichen je 100 g Salbei und Leinen
- Rundstricknadeln Nr. 2,75 und Nr. 2
- Nadelspiele Nr. 2,75 und 2,5
- Häkelnadel Nr. 3
- Kontrastgarn für den provisorischen Maschenanschlag (am besten Baumwollgarn; etwa in der Stärke des Modellgarns)

Glatt rechts: in Runden stets rechte Maschen stricken.
Glatt links: In Runden stets links Maschen stricken.
2/2-Rippenmuster: 2 Maschen rechts, 2 Maschen links im Wechsel stricken.
Streifenfolge: * 3 Runden Salbei, 3 Runden Leinen, ab * 4x arbeiten (= 24 Runden).

MASCHENPROBE

Glatt rechts mit Nadeln Nr. 2,5: 30 Maschen und 42 Reihen/Runden = 10 x 10 cm
Glatt rechts mit Nadeln Nr. 2,75: 28 Maschen und 40 Reihen/Runden = 10 x 10 cm

SO GEHT'S

WENDEMÜTZE

Für den provisorischen Maschenanschlag (siehe Seite 50 oben) mit der Häkelnadel Nr. 3 und Kontrastgarn eine Luftmaschenkette von ca. 135 Luftmaschen häkeln. 120 Maschen in Salbei mit der Rundstricknadel Nr. 2,75 aus der Rückseite dieser Luftmaschenkette herausstricken, zur Runde schließen und 44 Runden glatt rechts stricken. Nun beginnen die Abnahmen, dafür in der 1. Abnahmerunde jede 11. und 12. Masche zusammenstricken. Es folgt 1 Runde ohne Abnahmen. In der folgenden Runde jede 10. und 11. Masche zusammenstricken. 1 Runde ohne Abnahmen arbeiten. Wenn die Maschen für die Rundstricknadel zu wenig werden, zum Nadelspiel wechseln. Nach diesem Prinzip weiterarbeiten (Abnahmen in jeder 2. Runde), bis noch 8 Maschen auf dem Nadelspiel sind. Die restlichen Maschen mit dem Arbeitsfaden fest zusammenziehen, das Fadenende gut vernähen.
Nun die Luftmaschenkette vorsichtig auflösen und dabei die Anschlagmaschen auf die Rundstricknadel Nr. 2 nehmen. Unbedingt nachzählen, ob alle Maschen aufgefasst sind. 1 Runde linke Maschen in Leinen stricken und dann in Runden glatt rechts mit Nadeln Nr. 2,75 wie oben beschrieben die Mütze arbeiten. Ggf. Fadenenden sofort vernähen, ist die zweite Hälfte der Mütze fertig, ist dies nicht mehr möglich. Auch den Endfaden sorgfältig vernähen.

Hinweis: Wenn Sie nicht den provisorischen Anschlag arbeiten möchten, stricken Sie aus dem Garn zwei identische Mützen. Beide Mützen mit den rechts gestrickten Seiten an den Anschlagkanten aneinanderlegen und mit einer der beiden Farben durch die Anschlagkante zusammenhäkeln. Die Mützen ineinanderschieben.

Tipp: Verwenden Sie bei Wendemützen dünne Garne, am besten hochwertige Sockengarne.

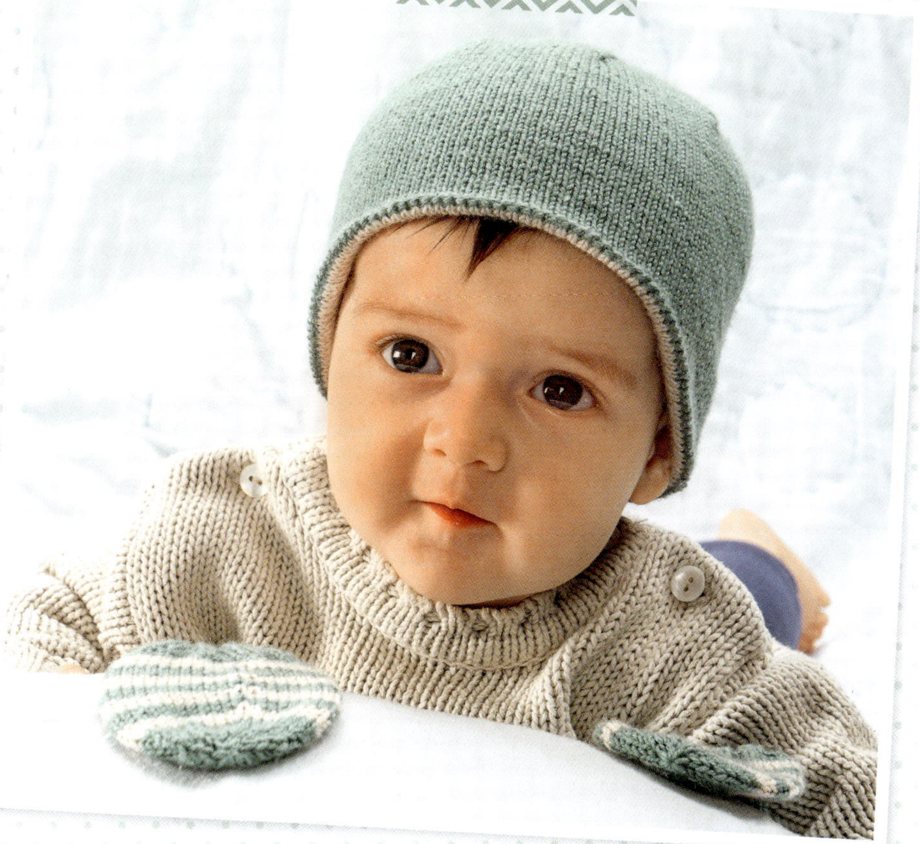

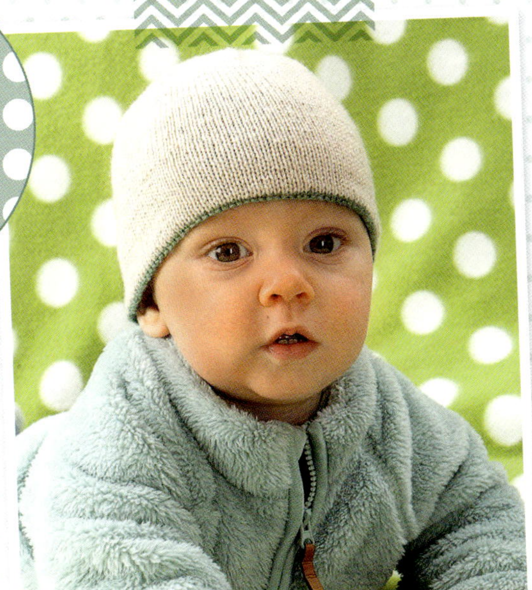

PROVISORISCHER MASCHENANSCHLAG MIT LUFTMASCHENKETTE

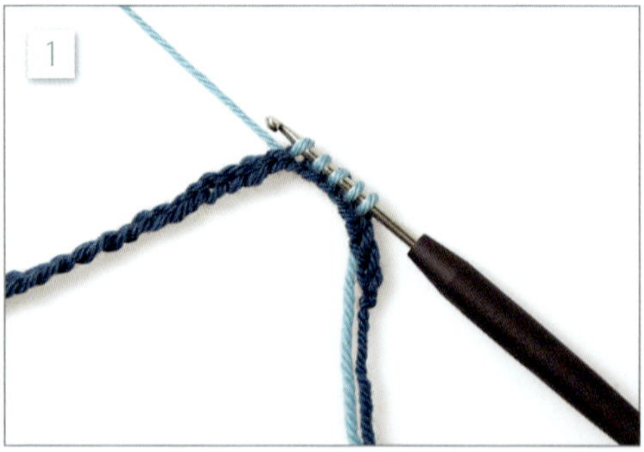

Eine Luftmaschenkette häkeln. Die benötigte Maschenzahl häkeln plus einige Maschen zusätzlich. Mit der Häkelnadel in den hinteren Maschenteil der Luftmasche einstechen, den Faden des Arbeitsgarns holen und auf die Häkelnadel heben.

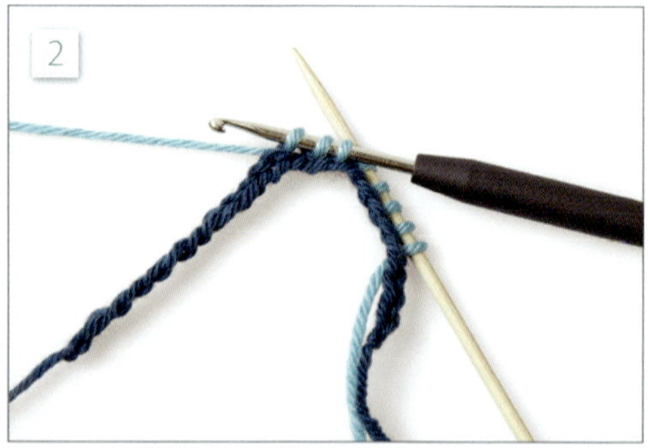

Wenn etwa 5 Maschen auf der Häkelnadel sind, diese auf die Stricknadel übernehmen. Weitere Maschen auffassen. So lange wiederholen, bis die benötigte Maschenanzahl auf der Stricknadel ist.

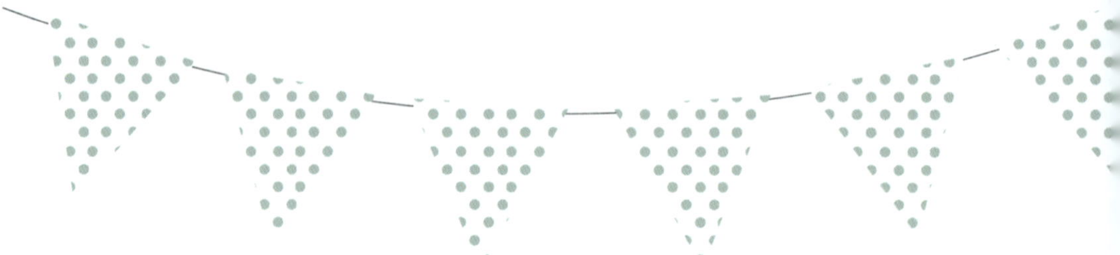

FÄUSTLINGE

32 Maschen mit Nadeln Nr. 2,5 in Salbei anschlagen, gleichmäßig auf 4 Nadeln verteilen (= 8 Maschen pro Nadel) und zur Runde schließen. 6 cm im 2/2-Rippenmuster stricken. Dann glatt rechts in der Streifenfolge arbeiten, dabei in der 1. Runde am Anfang und Ende jeder Nadel jeweils 1 Masche zunehmen = 40 Maschen. Nach 24 Runden in der Streifenfolge mit der Spitze beginnen und in Salbei wie folgt stricken: Auf jeder Nadel jeweils die ersten 3 Maschen stricken, dann 2 Maschen rechts zusammenstricken. 3 Runden ohne Abnahmen arbeiten. In der nächsten Runde auf jeder Nadel die ersten 2 Maschen stricken, dann 2 Maschen rechts zusammenstricken. 2 Runden ohne Abnahmen arbeiten. In der folgenden Runde auf jeder Nadel 1 Masche rechts, dann 2 Maschen rechts zusammenstricken. 1 Runde ohne Abnahmen arbeiten. In der nächsten Runde fortlaufend 2 Maschen rechts zusammenstricken. Die restlichen Maschen mit dem Arbeitsfaden fest zusammenziehen.

Den zweiten Handschuh genauso stricken.

Für das **Sicherungsband (I-Cord)** aus dem Anschlag des ersten Handschuhs 3 Maschen auffassen und wie folgt stricken: * 3 Maschen rechts stricken, die Arbeit nicht wenden, sondern die Maschen wieder an das andere Ende der Nadel schieben, ab * wiederholen, bis das Band ca. 55–60 cm lang ist. Das Band am zweiten Handschuh anhäkeln. Fäden vernähen.

Tipp: Die Länge des Sicherungsbandes lässt sich sehr gut an einem Pullover oder Jäckchen nachmessen: Länge beider Ärmel plus die Rückenbreite (in Schulterhöhe). Dann evtl. noch 2–3 cm zugeben.

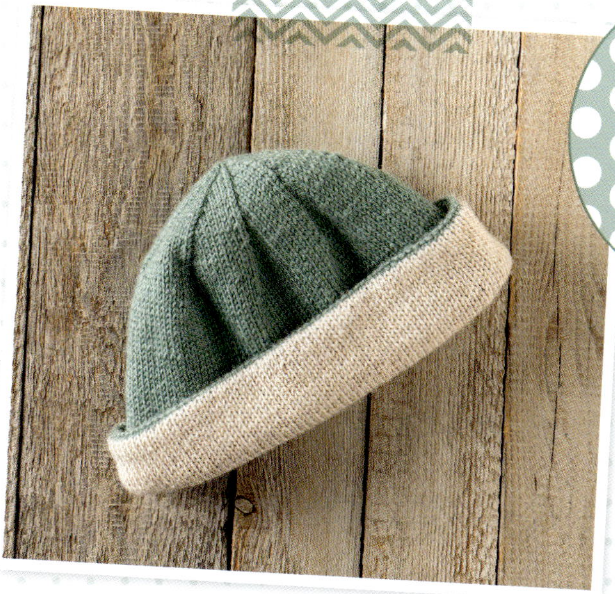

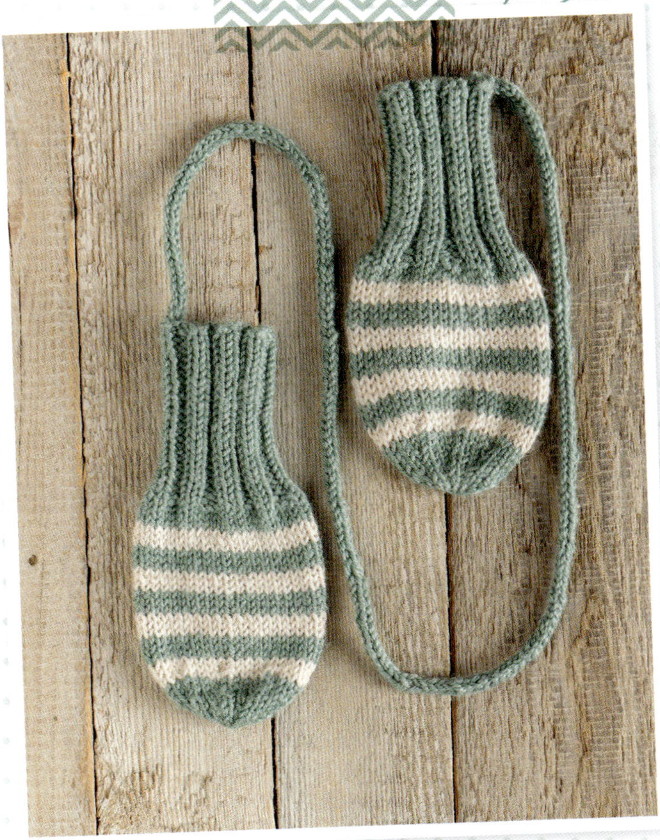

Baby-Beanie

Erstlingsmütze: 37–39 cm Kopfumfang

MATERIAL

- Lang Yarns „Merino 70" (98 % Schurwolle, 2 % Polyester; Lauflänge ca. 70 m/50 g): je 50 g Weiß und Türkis
- Rundstricknadel Nr. 5,5, 40 cm lang (oder Nadelspiel Nr. 5,5)

1/1-Rippenmuster: 1 Masche rechts, 1 Masche links im Wechsel stricken.

Zweifarbiges Strukturmuster: Maschenzahl teilbar durch 4.

1. Runde, Weiß: * 2 Maschen rechts, 1 Masche links, 1 Masche rechts, ab * stets wiederholen. **2. Runde, Türkis:** * 1 Masche rechts, 3 Maschen links, ab * stets wiederholen. Die 1. und 2. Runde stets wiederholen.

MASCHENPROBE

Kraus rechts mit Nadel Nr. 5,5: 14 Maschen und 24 Reihen = 10 x 10 cm

SO GEHT'S

56 Maschen in Weiß anschlagen und zur Runde schließen. Zunächst für das Bündchen 5 Runden in Weiß im 1/1-Rippenmuster stricken. Anschließend im zweifarbigen Strukturmuster wie angegeben stricken. Nach 10 cm ab Anschlag mit einer 1. Runde enden. Nun für die Abnahmen in Weiß weiterstricken. Nächste Runde: 1 Masche rechts, 3 Maschen links zusammenstricken, ab * stets wiederholen = 28 Maschen. Dann 3 Runden im 1/1-Rippenmuster ohne Abnahme arbeiten. In der folgenden Runde fortlaufend 2 Maschen rechts zusammenstricken = 14 Maschen.

Die restlichen Maschen mit dem Arbeitsfaden fest zusammenziehen.

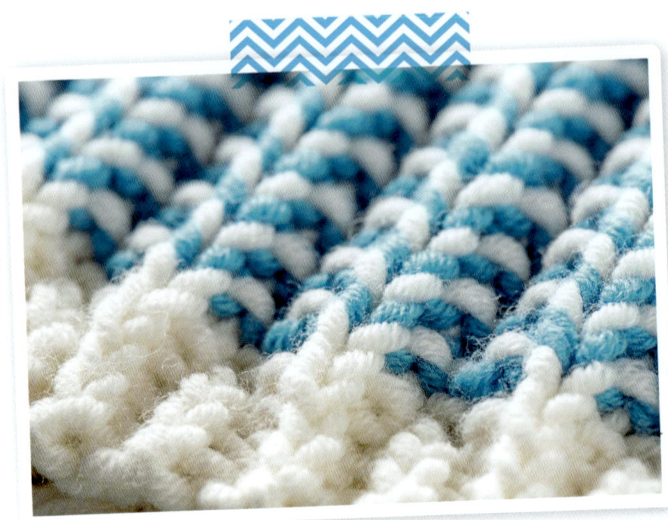

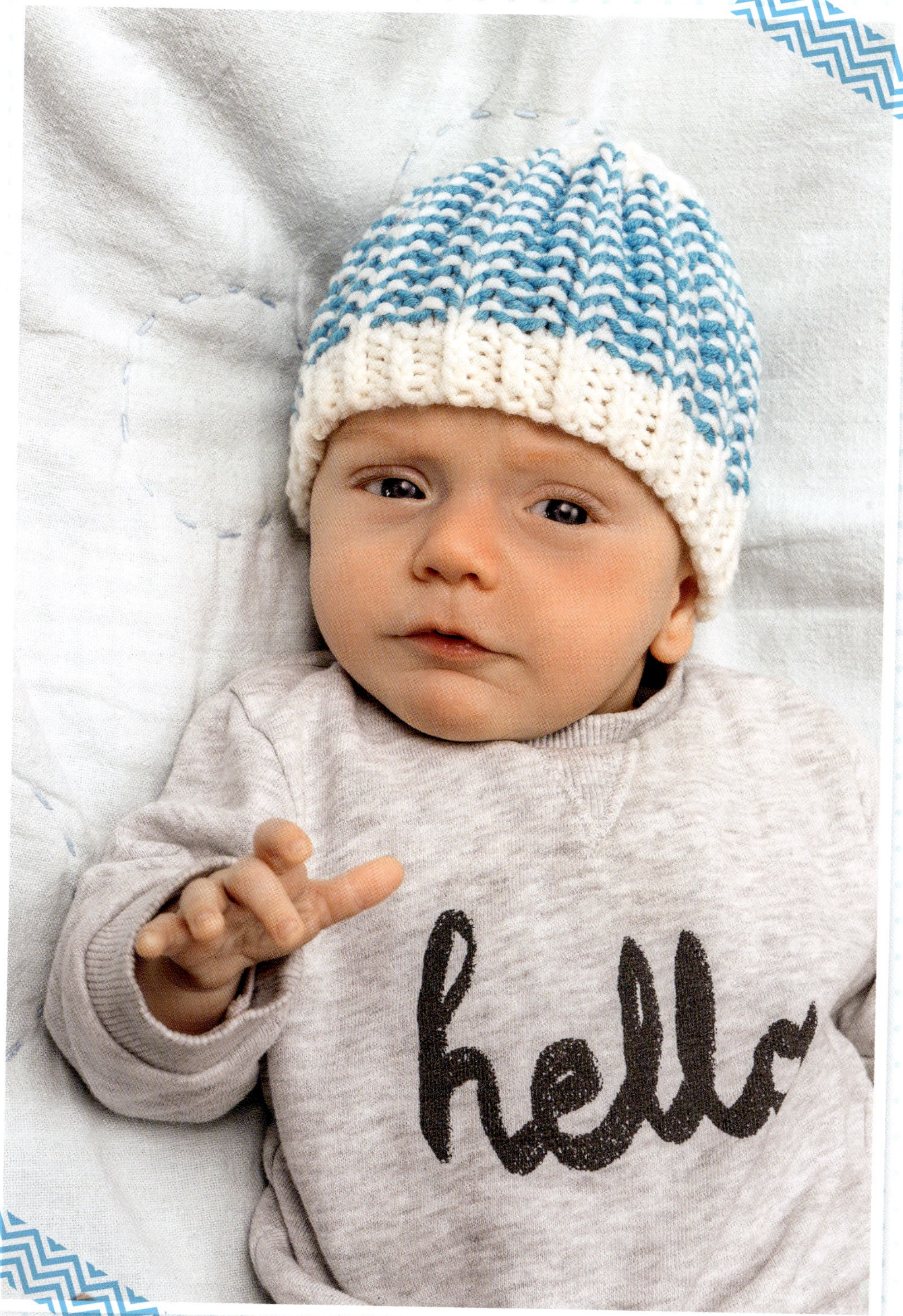
hello

Nesthäkchen

Mütze mit Spitzenbündchen: 2–4 Monate (Kopfumfang ca. 39–40 cm)

MATERIAL

- Lang Yarns „Cashmerino" (55 % Wolle, 33 % Polyacryl, 12 % Kaschmir, Lauflänge 125 m/50 g): je 50 g Lachs und Beige
- Nadelspiel Nr. 3,25 oder 3,5 (oder eine kurze Rundstricknadel gleicher Stärke)

Hufeisenmuster: Nach der Strickschrift stricken. Es ist jede Runde gezeichnet. Den Mustersatz (MS) von 6 Maschen stets wiederholen. Die 1.–4. Runde insgesamt 3x stricken.
Glatt rechts: In Runden stets rechte Maschen stricken.

MASCHENPROBE

Glatt rechts mit Nadeln Nr. 3,25: 24 Maschen und 34 Reihen/Runden = 10 x 10 cm

SO GEHT'S

84 Maschen in Beige anschlagen. Für das Bündchen im Hufeisenmuster die Maschen so auf die Nadeln verteilen, dass sich der Mustersatz problemlos auf einer Spielnadel abstricken lässt (= 24-24-24-12 Maschen). Die Arbeit zur Runde schließen und die 1.–4. Runde des Hufeisenmusters 3x stricken. 1 weitere Runde in Beige glatt rechts stricken und dann zu Lachs wechseln. Bei einer Höhe von 10 cm ab Anschlag mit den Abnahmen beginnen. Hierzu in der 1. Abnahmerunde jede 13. und 14. Masche rechts zusammenstricken. Es folgt 1 Runde ohne Abnahmen. In der nächsten Runde jede 12. und 13. Masche rechts zusammenstricken. 1 Runde ohne Abnahmen arbeiten. Nach diesem Prinzip weiterarbeiten (Abnahmen in jeder 2. Runde), bis noch 8 Maschen auf dem Nadelspiel sind. Die restlichen Maschen mit dem Arbeitsfaden fest zusammenziehen.

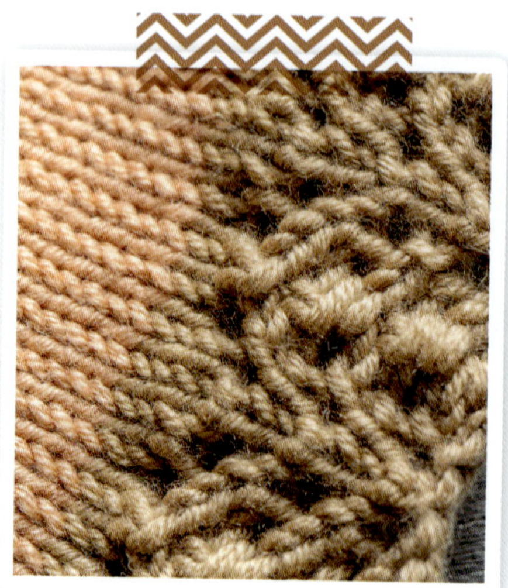

STRICKSCHRIFT

I	I	I	I	I	I	4
I	I	U	⋀	U	I	3
I	I	I	I	I	I	2
I	U	I	⋀	I	U	1

MS

Zeichenerklärung

U = 1 Umschlag

⋀ = 1 Masche wie zum Rechtstricken abheben, 2 Maschen rechts zusammenstricken, dann die abgehobene Masche überziehen

I = 1 Masche rechts

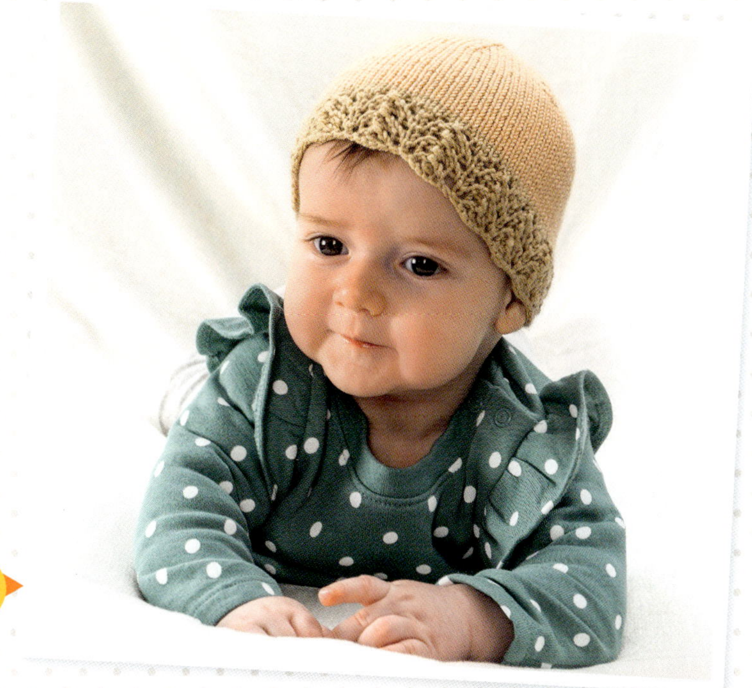

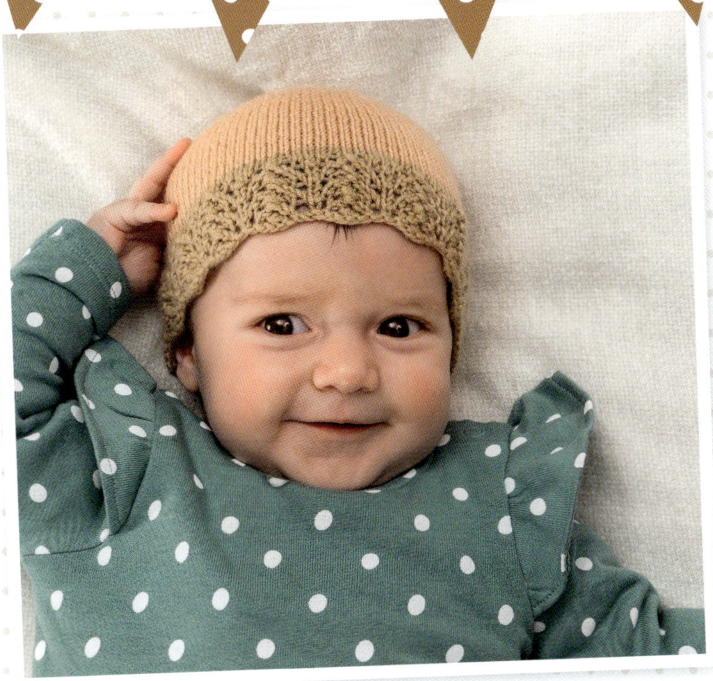

Grundanleitung Socken mit Käppchenferse

MASCHENANSCHLAG, BÜNDCHEN UND SCHAFT

Die gewünschte Maschenzahl nach Anleitung oder Tabelle (siehe Seite 58) anschlagen, gleichmäßig auf 4 Nadeln verteilen und zur Runde schließen. Der Rundenbeginn liegt zwischen der 4. Nadel und 1. Nadel, gut zu erkennen am herabhängenden Anschlagfaden. Bündchen und Schaft nach Anleitung oder im gewünschten Muster über alle Nadeln stricken. Schön elastisch sind Bündchen im 1/1-Rippenmuster oder 2/2-Rippenmuster. Die Höhe des Bündchens ist frei wählbar, bei Babysöckchen zwischen 2,5 und 3,5 cm. Den Schaft 4,5 cm bis 5 cm hoch oder nach Wunsch arbeiten.

FERSENWAND

Die Fersenwand wird über die Hälfte der Maschen gearbeitet. Dazu die Maschen der 2. und 3. Nadel stilllegen, sie bleiben ungestrickt. Die Maschen der 4. und 1. Nadel auf einer Spielnadel zusammenfassen. Die Fersenwand wird nun in Hin- und Rückreihen glatt rechts bis zur in der Tabelle angegebenen Höhe gestrickt.

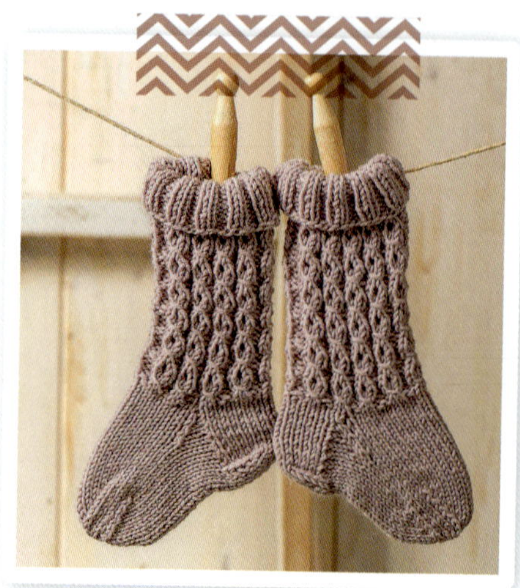

KÄPPCHEN

Die Maschen der Fersenwand nach Tabelle einteilen. Über das mittlere Drittel glatt rechts stricken und dabei nach und nach die äußeren Maschen wie folgt mitstricken:
In den Hinreihen immer die letzte Masche des mittleren Drittels mit der folgenden Masche des äußeren linken Drittels rechts verschränkt zusammenstricken. Wenden und die 1. Masche links abheben. In den Rückreihen immer die letzte Masche des mittleren Drittels mit der folgenden Masche des rechten äußeren Drittels links zusammenstricken. Wenden und die 1. Masche rechts abheben.
Das Käppchen so weiterstricken, bis die äußeren Maschen aufgebraucht und nur noch die Maschen des mittleren Drittels übrig sind.

ZWICKEL

Ab jetzt wird wieder in Runden gearbeitet. Dazu zunächst die Maschen des Käppchens stricken und wie folgt auf den Nadeln verteilen. Dabei die Hälfte der Maschen auf eine Spielnadel stricken, die andere Hälfte auf die nächste Spielnadel = 1. Nadel stricken. Mit der 1. Nadel aus dem linken seitlichen Rand der Fersenwand die erforderliche Anzahl an Maschen (siehe Tabelle) herausstricken (etwa aus jeder 2. Reihe 1 Masche). Dann die stillgelegten Maschen der 2. und 3. Nadel stricken. Mit der 4. Nadel aus dem rechten seitlichen Rand der Fersenwand die erforderliche Anzahl an Maschen herausstricken. Dann die restlichen Maschen der Runde (Hälfte Käppchenmaschen) stricken. Der Rundenanfang liegt wieder zwischen der 4. und 1. Nadel.

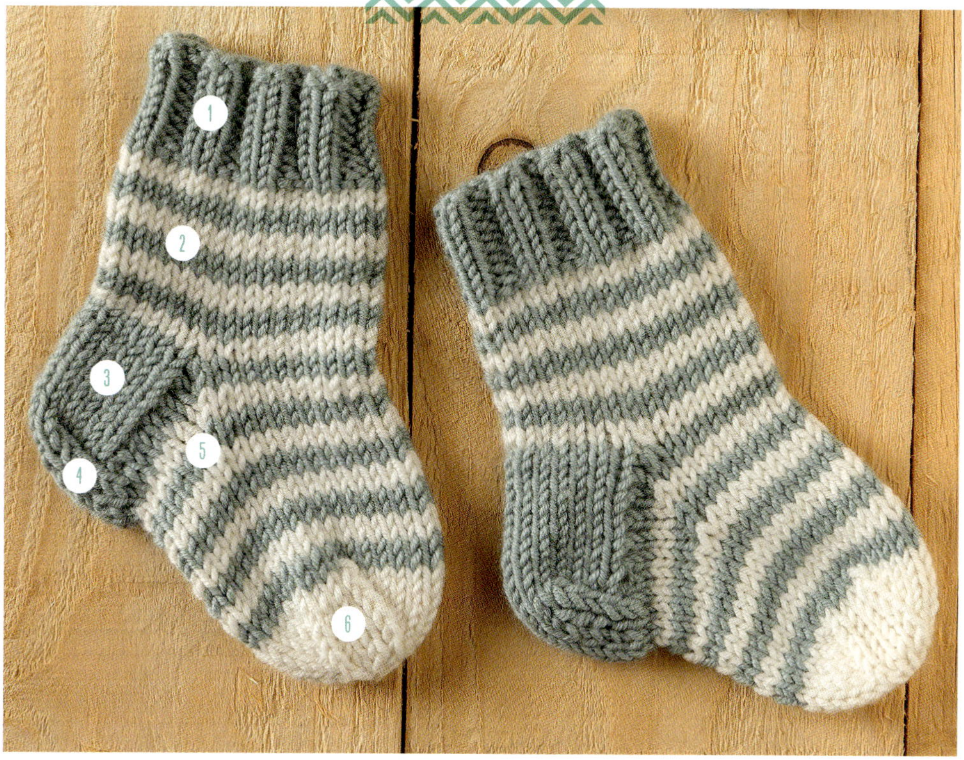

1 BÜNDCHEN 2 SCHAFT 3 FERSENWAND 4 KÄPPCHEN 5 ZWICKELABNAHMEN 6 BANDSPITZE

ZWICKELABNAHMEN

Die seitlich aus der Fersenwand aufgenommenen Maschen für den Zwickel werden nun wieder abgenommen. Dazu in jeder 2. Runde auf der 1. Nadel die dritt- und zweitletzte Masche rechts zusammenstricken, auf der 4. Nadel die 2. und 3. Masche rechts überzogen zusammenstricken. Diese Abnahmen wiederholen, bis die ursprüngliche Maschenzahl wieder erreicht ist.

FUSS UND BANDSPITZE

Den Fuß laut Anleitung oder Tabelle in Runden weiterstricken, bis die angegebene „Fußlänge bis Spitzenbeginn" erreicht ist.

Nun die Bandspitze glatt rechts wie folgt arbeiten: Auf der 1. und 3. Nadel jeweils die dritt- und zweitletzte Masche rechts zusammenstricken sowie auf der 2. und 4. Nadel jeweils die 2. und 3. Masche rechts überzogen zusammenstricken.
Diese Abnahmen in jeder 2. Runde wiederholen. Wenn sich nur noch die Hälfte der Maschenzahl auf den Nadeln befindet, in jeder Runde auf diese Weise abnehmen.
Den Arbeitsfaden lang abschneiden, zweimal durch die restlichen Maschen fädeln und diese fest zusammenziehen.

GRÖSSENTABELLE FÜR 4-FÄDIGES SOCKENGARN

Lauflänge ca. 210 m/50 g, Nadelstärke Nr. 2,5–3, 30 Maschen und 42 Reihen = 10 x 10 cm

Alter in Monaten	0–3	4–6	7–9	10–18
Maschenanschlag/je Nadel	28/7	32/8	36/9	40/10
Höhe Bündchen in cm	3	4	4	4
Höhe Schaft in cm	4,5	5	6	7
Fersenhöhe in Reihen	12	14	16	18
Einteilung Ferse	3/8/3	4/8/4	5/8/5	6/8/6
Maschenaufnahme beidseitig	7	8	9	10
Fußlänge bis Spitzenbeginn in cm	6	7	8	9
Fußlänge gesamt ca. in cm	8,5–9	10,5	11,5	13

GRÖSSENTABELLE FÜR 6-FÄDIGES SOCKENGARN UND DÜNNE MERINOGARNE

Lauflänge ca. 410 m/150 g bzw. ca. 125 m/50 g, Nadelstärke Nr. 3–3,5, 22 Maschen und 30 Reihen = 10 x 10 cm

Alter in Monaten	0–3	4–6	7–9	10–18
Maschenanschlag/je Nadel	24/6	28/7	32/8	32/8
Höhe Bündchen in cm	3	3	3	4
Höhe Schaft in cm	4,5	5	6	7
Fersenhöhe in Reihen	10	10	12	12
Einteilung Ferse	4/4/4	5/4/5	5/6/5	5/6/5
Maschenaufnahme beidseitig	6	7	8	8
Fußlänge bis Spitzenbeginn in cm	6	7,5	9	9,5
Fußlänge gesamt ca. in cm	8,5–9	10,5	11,5	13

Grundkurs Stricken

2 Maschen rechts zusammenstricken

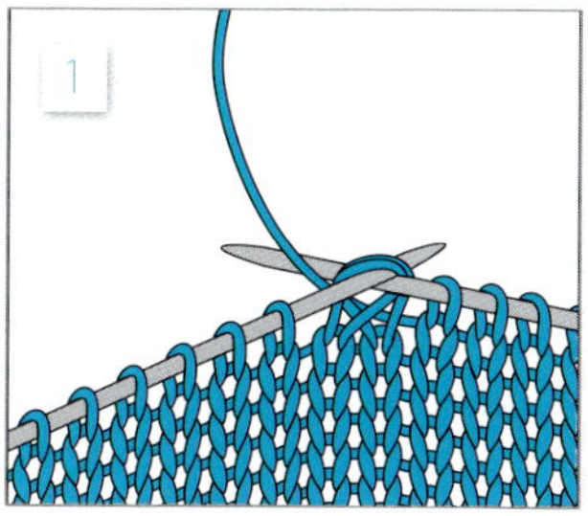

Der Faden ist hinter der Arbeit. Mit der rechten Nadel von links nach rechts durch die ersten 2 Maschen der linken Nadel stechen und den Faden durch beide Maschen holen.

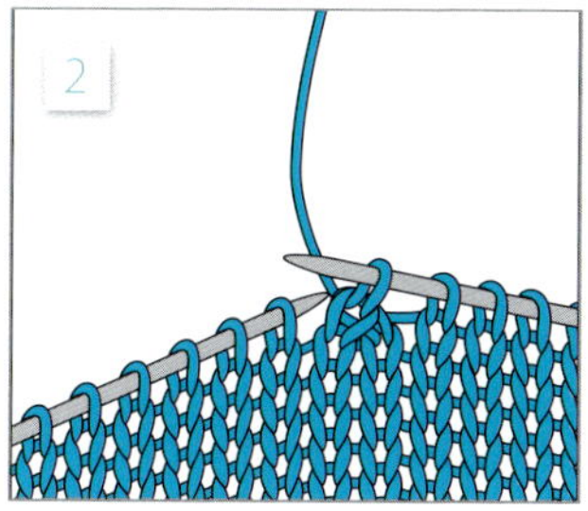

Die Maschen von der linken Nadel gleiten lassen.

2 Maschen links zusammenstricken

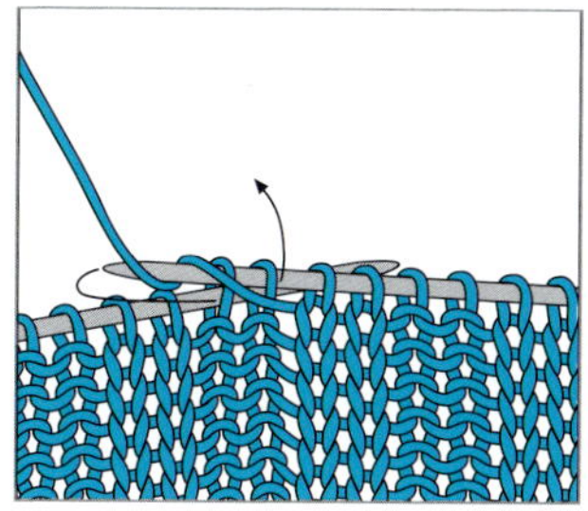

Der Faden ist vor der Arbeit. Mit der rechten Nadel von rechts nach links durch die ersten 2 Maschen der linken Nadel stechen und den Faden durch beide Maschen holen. Die Maschen von der linken Nadel gleiten lassen.

2 Maschen rechts überzogen zusammenstricken

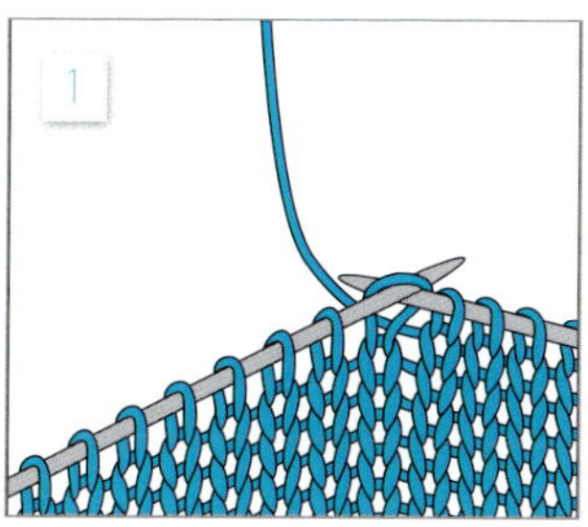

Der Arbeitsfaden liegt hinten. In die 1. Masche der linken Nadel von vorn nach hinten einstechen und die Masche, ohne sie zu stricken, auf die rechte Nadel heben.

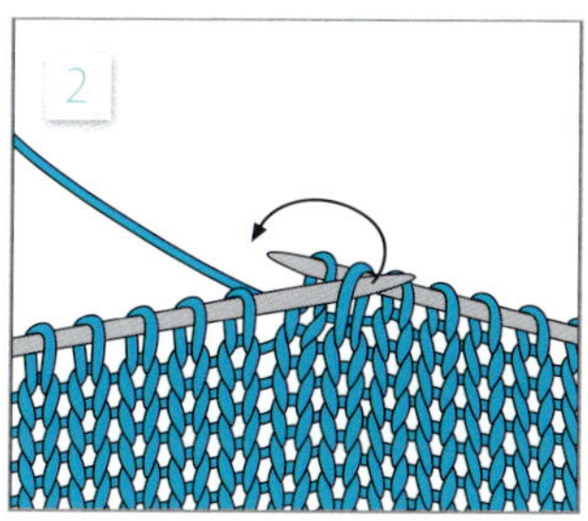

Die folgende Masche rechts stricken, sodass sie vor der abgehobenen Masche auf der rechten Nadel liegt.

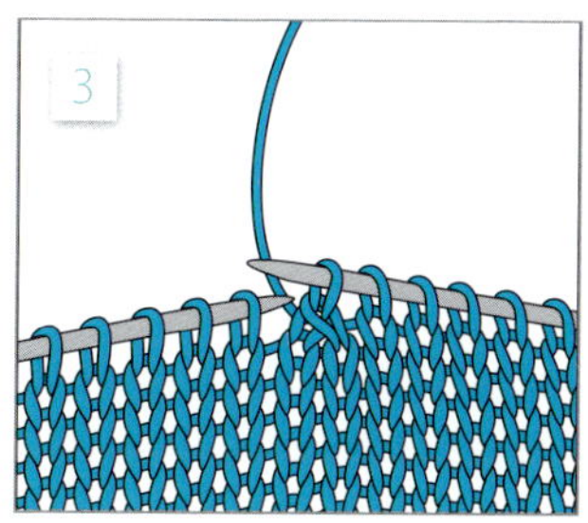

Dann die abgehobene Masche über die gestrickte Masche ziehen.

1 Masche rechts verschränkt aus dem Querfaden herausstricken

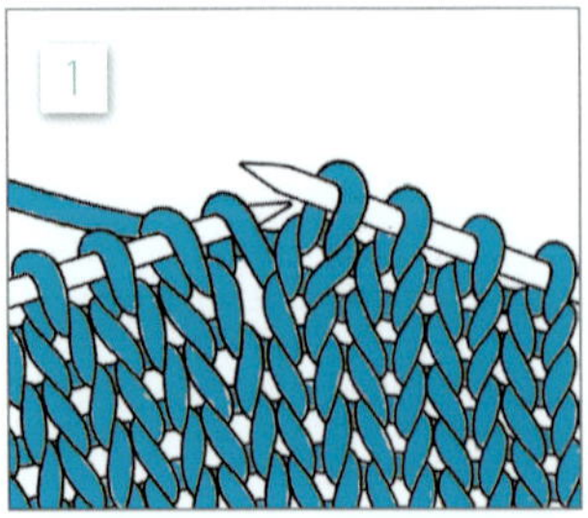

Mit der linken Nadel den Querfaden zwischen 2 Maschen von vorn nach hinten aufnehmen und ...

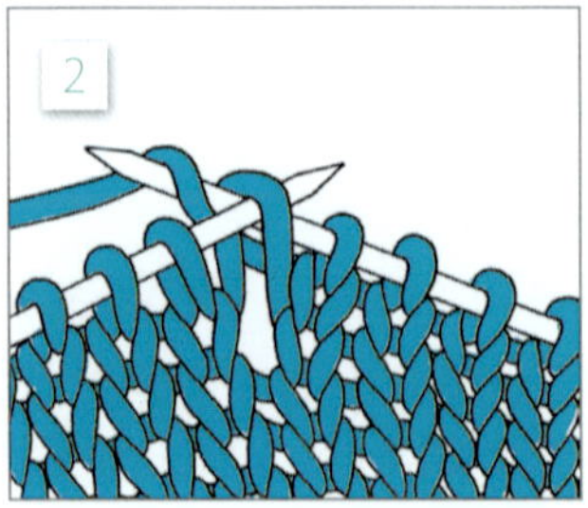

... rechts verschränkt abstricken, d. h. in den hinteren Schlingenteil einstechen. So entsteht ein geschlossenes Maschenbild.

Maschen auffassen

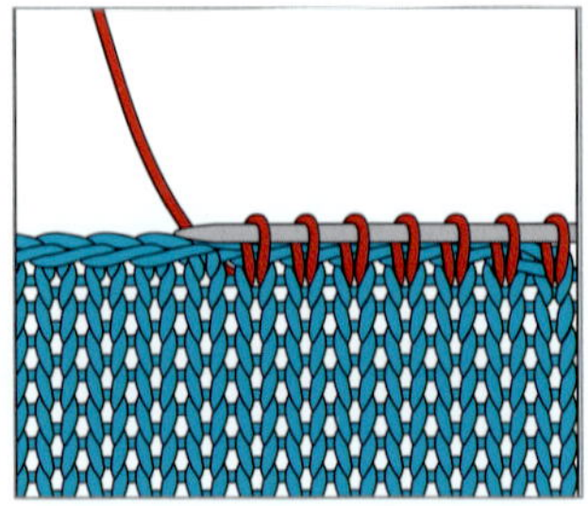

In die Masche unterhalb des Randes einstechen und den Faden holen. 1 Masche ist auf der Nadel. Auf diese Weise die gewünschte Maschenzahl herausstricken.

Maschen dazu anschlagen: Aufstricken

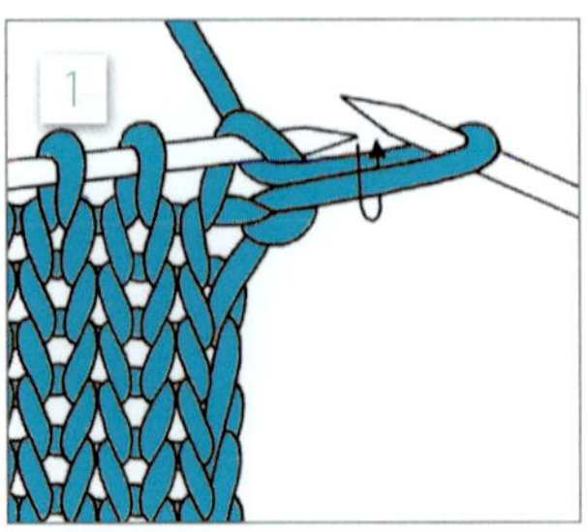

In die 1. Masche wie zum Rechtsstricken einstechen, den Faden zur Schlinge durchholen und auf der rechten Nadel lassen.

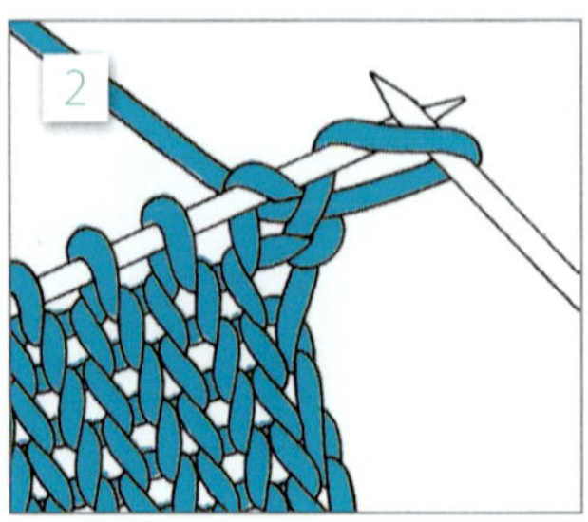

Mit der linken Nadel die Schlinge von unten nach oben erfassen und als Masche auf die linke Nadel nehmen.

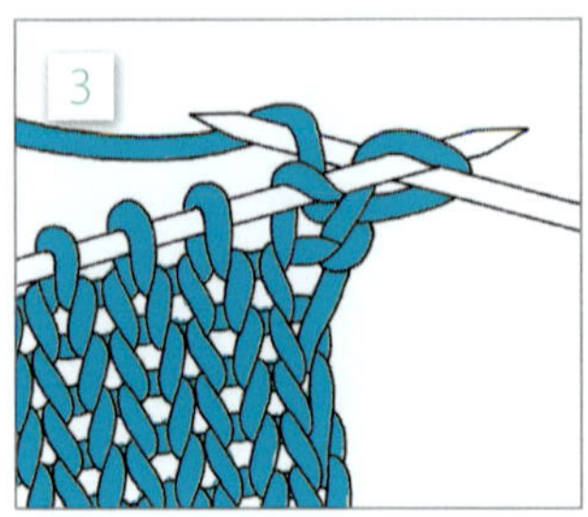

In die neue Masche wieder wie zum Rechtsstricken einstechen und wie beschrieben die nächste Masche aufstricken. Stets wiederholen, bis die gewünschte Maschenzahl erreicht ist.

Maschenstich (offene Kanten verbinden)

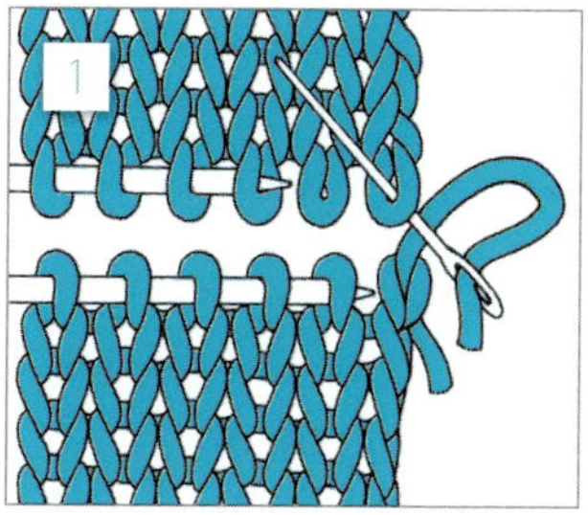

Einen etwa dreimal so langen Faden wie die zu arbeitende Naht in eine Sticknadel ohne Spitze fädeln. In die Randmaschen der zu verbindenden Teile von unten nach oben einstechen. Jeweils nach dem Einstechen die Masche von der Sticknadel gleiten lassen

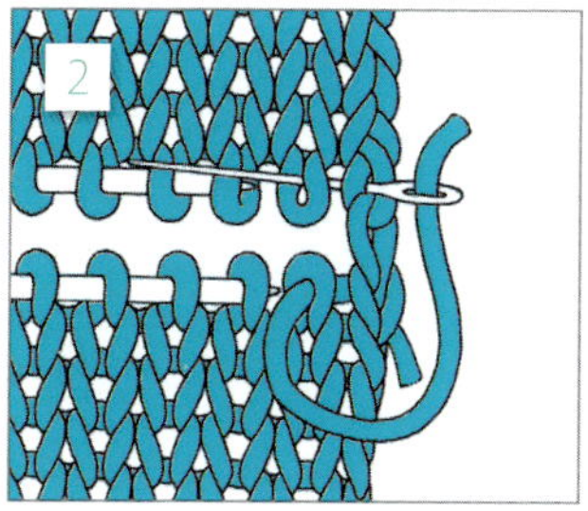

Nun abwechselnd beim oberen und unteren Teil in die vorherige Masche ein- und in der folgenden auf der Nadel liegenden Masche ausstechen.

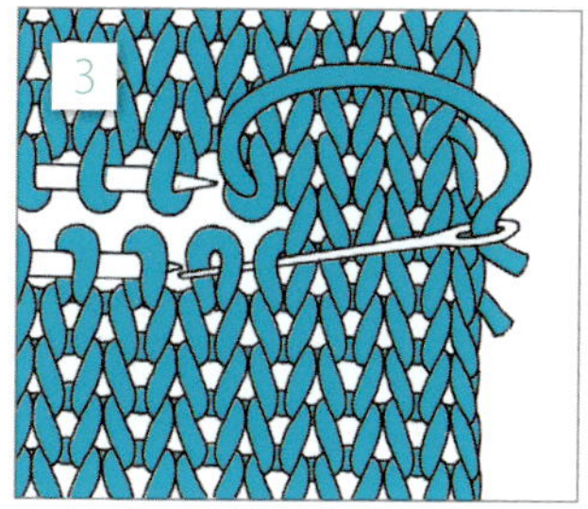

Bei jedem Arbeitsgang werden immer 2 halbe Maschen erfasst. Den Faden dabei nicht zu fest anziehen. Die Schlingen auf der Nadel (und somit die Naht) bilden jeweils 1 Reihe im Gestrick.

Im Maschenstich aufsticken

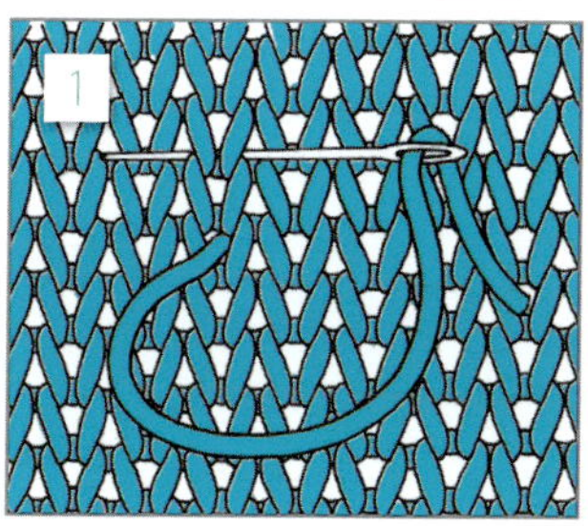

Mit einer Wollnadel ohne Spitze in der Mitte unterhalb der zu bestickenden Masche ausstechen, dann die darüberliegende Masche umfassen. Dabei in der 1. Reihe von rechts nach links arbeiten; soll darüber eine 2. Reihe gestickt werden, diese Reihe von links nach rechts sticken.

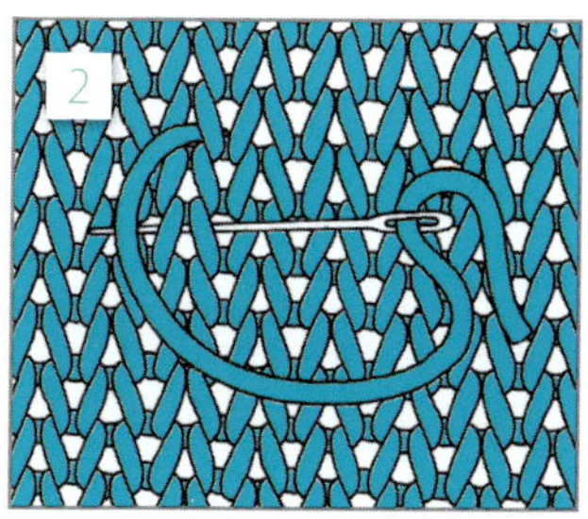

Dann zurück in die Ausstichstelle stechen und in der Mitte der danebenliegenden Masche wieder ausstechen. Beim letzten Maschenstich den Faden in der Ausstichstelle auf die Rückseite ziehen und vernähen.

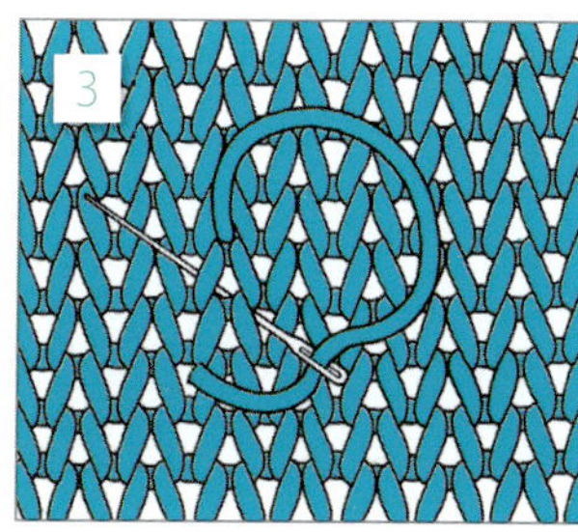

Beim diagonalen Versetzen die Nadel in die Ausstichstelle einstechen und eine Reihe höher links bzw. rechts daneben wieder ausstechen.

Vielen Dank an unsere Kleinsten ...

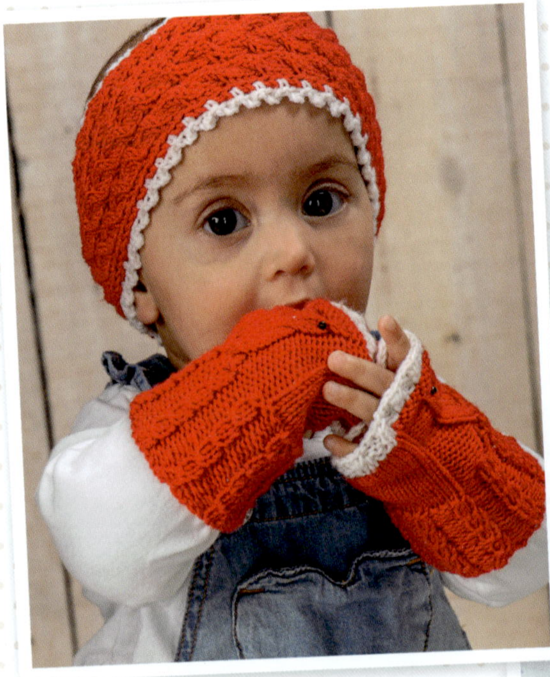

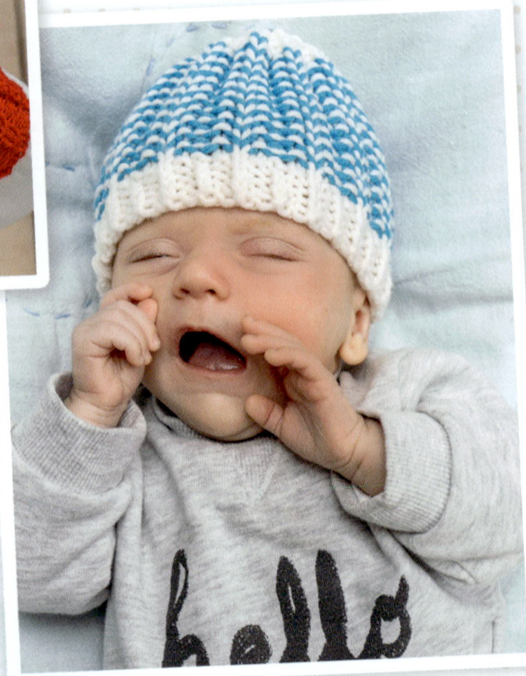

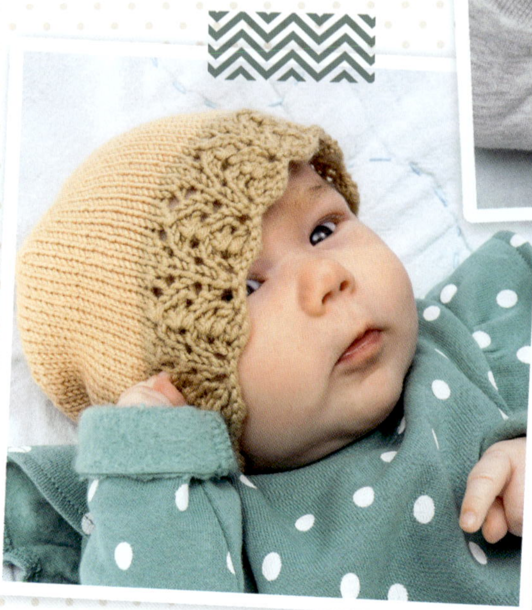

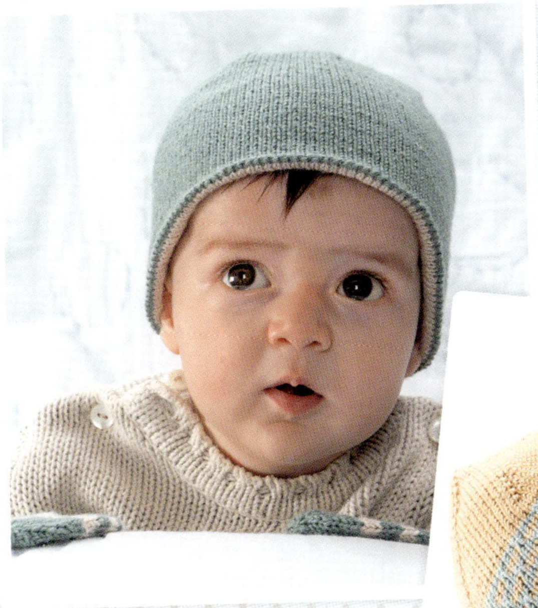
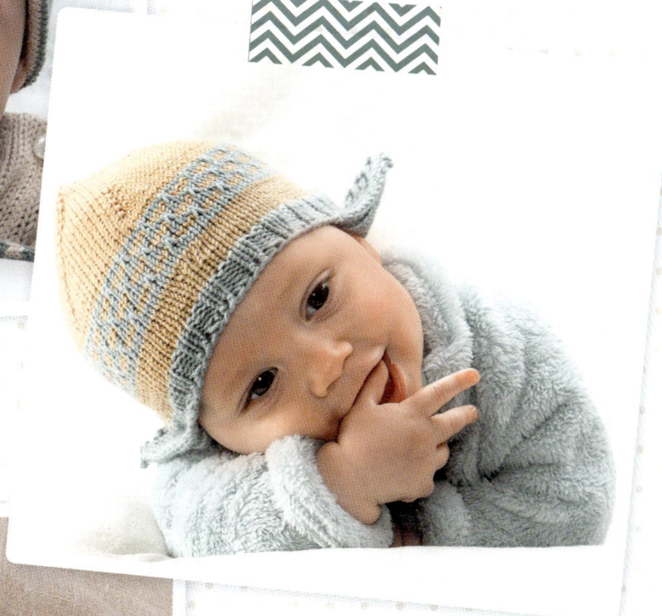
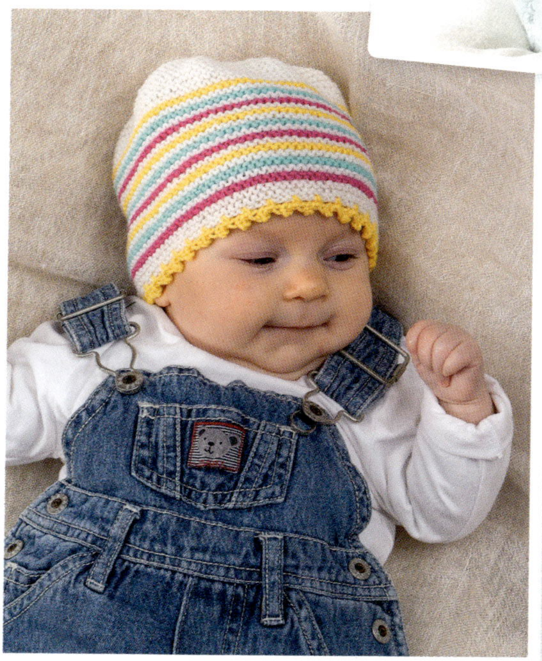

IMPRESSUM

Konzept, Text und Realisation: Sabine Abel
Fotografie:UliGlasemann
Styling: Eva Glasemann-Hardt
Redaktion und Produktmanagement:
Martina Unterfrauner
Lektorat: Regina Sidabras
Technische Zeichnungen: Carsten Bachmann
Umschlaggestaltung: Marcus Täschner
Layout und Satz: Silke Schüler
Repro: LUDWIG:media
Herstellung: Stephanie Schlemmer
Printed in Slovenia by Florjancic

Die Deutsche Nationalbibliothek verzeichnet diese Publikation in der Deutschen Nationalbibliografie; detaillierte bibliografische Daten sind im Internet über http://dnb.de abrufbar.

★ ★ ★ ★ ★

Sind Sie mit diesem Titel zufrieden? Dann würden wir uns über Ihre Weiterempfehlung freuen.

Erzählen Sie es im Freundeskreis, berichten Sie Ihrem Buchhändler oder bewerten Sie beim Onlinekauf. Und wenn Sie Kritik, Korrekturen, Aktualisierungen haben, freuen wir uns über Ihre Nachricht an:

Christophorus Verlag
Postfach 40 02 09, D-80702 München
oder per E-Mail an lektorat@verlagshaus.de

Unser komplettes Programm finden Sie unter

www.christophorus-verlag.de

HERSTELLERVERZEICHNIS

- Buttinette Textil-Versandhaus GmbH, www.buttinette.de
- Lang & Co. AG, www.langyarns.com
- MEZ GmbH, www.schachenmayr.com

Alle Materialien sind im Hobbyfachhandel erhältlich.

2. Auflage 2022

ISBN 978-3-8410-6593-3

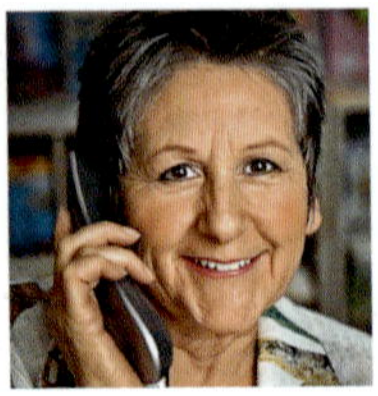

Kreativ-Service

Sie haben Fragen zu den Büchern und Materialien? Frau Erika Noll ist für Sie da und berät Sie rund um alle Kreativthemen. Rufen Sie an! Wir interessieren uns auch für Ihre eigenen Ideen und Anregungen. Sie erreichen Frau Noll per E-Mail: kreativ-service@c-verlag.de oder Tel.: +49 (0) 89-13 06 99-577.

Besuchen Sie uns im Internet: www.christophorus-verlag.de & www.selbstgemacht.de